공부의 품격

지성인을 위한
지극히 짧고도 사소한 공부의 기술

공부의 품격

나단(Nathan) 지음

RITEC CONTENTS

목차

| 프롤로그 | 008

| 추천사 | 012

1장 / '공부'에 'Why'를 부여할 때 비로소 격 이 생겨난다

1-1 자기 '계'발을 하랬더니 자기 '괴'발을 하고 있었구나 016

1-2 40대에 대성하는 남자배우들의 비밀 021

1-3 지극히도 내가 내게 소홀했던 것들 026

1-4 변화의 흐름에 따라가는 사람만이 살아남는다 031

1-5 품격 있는 사람들이 여유가 넘치는 이유 036

1-6 인생 독학의 즐거움을 깨달을 때 비로소 인생이 달라진다 041

2장 / 지극히 짧고도 사소한 공부를 시작하라

2-1 절대 독하게 공부하면 안 된다 048

2-2 완전하지 못한 것들에 대한 완전한 위로 053

2-3 시간이 부족한 것이 아니다 058

2-4 결국 성공하는 사람들의 지극히 짧고도 사소한 차이 063

2-5 열등감은 품격 있는 삶의 가장 큰 적 068

2-6 때로는 강한 신념이 가장 큰 단점이 된다 073

3장 / 인간관계를 공부하다: 사람들이 당신의 격을 받아들일 수 있는 '인간관계능력' 구축법

3-1 여전히 사람이 어려운 나와 당신에게 080

3-2 나는 더 이상 명함을 모으지 않기로 했다 085

3-3 당신이 올바르지 않은 인간관계에 있다는 증거 5가지 090

3-4 도레미파솔라시도, 음악과 같은 인간관계 공식 095

3-5 음식점 찾기 공부법 100

3-6 내 품격을 올려줄 멘토 만들기 작전 105

3-7 혼자 잘 노는 사람이 인간관계도 잘한다 110

3-8 때론 '후흑학'의 삼국지보다 동화책을 읽는 것이 낫다 115

3-9 Give is Gain, 주는 것이 얻는 것이다 120

4장 / 돈과 시간을 공부하다: 품격을 가진 사람만이 누릴 수 있는 돈쓰기/시간쓰기의 기술

4-1 돈을 벌기 위해 열심히 일을 해야 한다는 생각부터 버려라 128

4-2 돈을 버는 사람이 아닌 돈을 끌어당기는 사람들의 차이 133

4-3 꾸준함이 절호의 기회를 만든다 138

4-4 인생의 목적과 수단을 절대 혼동하지 마라 143

4-5 어떻게 버느냐가 아닌 어떻게 쓰느냐 148

4-6 '시간은 돈이다'라는 말의 깊은 뜻 153

4-7 성공하는 사람들은 절대 밤을 새워서 일하지 않는다 158

4-8 지금 할 수 있는 일에만 집중하라 163

5장 심신心身, 몸과 마음을 공부하다: 평생 흔들리지 않는 몸과 마음을 만드는 기술

5-1 나를 소중히 여기는 것, 마음공부의 핵심 170
5-2 살아본 게 처음이라 당연히 실수할 수밖에 175
5-3 마음을 책으로 읽다 180
5-4 식스팩이 아닌 식스센스부터 길러라 185
5-5 자기만족은 완벽한 건강에서 비롯된다 190
5-6 일상이 근육이 되는 마법 같은 운동법 195
5-7 20km, 실패를 거듭하며 평생의 실력을 쌓는 나이 200
5-8 30km, 묵묵히 나의 무기를 만들어가는 나이 205
5-9 40km, 결승선을 앞두고 나만의 페이스를 유지해야 하는 나이 210

6장 다양한 언어를 공부하다: 스펙spec이 아닌 스페셜special을 위한 언어의 기술

6-1 외국어를 '왜' 배우는가에 따라 언어의 품격이 달라진다 218
6-2 컬처를 이해하지 않는 외국어 공부는 껍데기일 뿐이다 223
6-3 외국어 공부는 점수 따기 위한 목적이 아닌 나의 수단이다 228
6-4 구글 번역기로는 따라올 수 없는 나만의 스페셜 언어 233
6-5 멀티 외국어 공부를 위한 비법 238
6-6 평생 공부할 수 있는 외국어의 매력 243

7장 세상의 모든 것이 공부다

7-1 사소한 공부는 절대 사소하지 않다 250

7-2 한계라고 생각하는 순간, 비로소 진짜 변화가 시작된다 255

7-3 오늘은 1년 전 나의 장대한 계획대로였다 260

7-4 조금 늦었지만, 나에게만 주는 단 하나의 선물을 준비할 때 265

7-5 나에 대한 생각을 바꾸면 남은 인생이 바뀐다 270

7-6 품격이란, 늘 변화해야 하고 변화할 수밖에 없음을 인정하는 것 275

7-7 하루 10분, 나를 위한 보고서를 쓰자 280

7-8 자기 이야기가 풍요로워야 행복한 존재가 된다 285

| 프롤로그 |

늦은 시간 퇴근 후 집에 돌아와서 나의 노트북을 켜고, 맥주 한 캔을 마시면서 첫 개인 저서의 프롤로그를 적기 시작한다. 작년만 해도 평범한 직장인이었던 나에게는 상상조차 할 수 없는 일이다. 글을 써야겠다고 생각한 지 불과 1년 만이다.

나는 어릴 적 공부를 잘 못했다. 아니 솔직히 아주 못 했다. 초등학교 2학년까지 덧셈을 잘 못해서 손가락, 심지어 발가락 등 모든 신체기관을 다 동원해야 했다. 결국 어머니는 나의 손을 잡고 당시 제일 유명한 동네 주산학원으로 데려갔다. 주산을 배우면서 나의 전두엽은 서서히 깨어났고, 6학년 때 처음으로 '올백'을 받았다. 부모님은 너무 놀라서 '소가 뒷걸음질 치다가 쥐를 잡게 된 격'이라고 생각했을 정도였다.

그 이후 전형적인 '모범생'이 되었다. 여기서 이야기가 끝났다면, 나는 동화책 속의 왕자와 공주처럼 '평생 행복하게 살았습니다'로 해피 엔딩의 삶을 살았을 것이다. 하지만 인생이란 이렇게 간단하지 않다.

대학생이 되고 나서 뒤늦게 사춘기가 찾아왔고, 수없이 많은 쌍권총을 찼다. 결국 나는 내가 잘하고 원하는 것이 무엇인지 스스로에게 질문을 했고, 그것이 '외국어'와 '재즈'라는 결론을 얻었다. 특히 무라카미 하루키의 책을 읽으면서 재즈의 음악과 삶이 나에게 너무나 매력적으로 다가왔다. 마침내 휴학을 하고 재즈의 본고장인 미국 루이지애나(Louisiana) 주에서 영어를 공부하고, 재즈 음악을 들으면서 나의 죽었던 전두엽이 다시 한 번 살아났다.

이때 미국에서 사귄 일본 친구들은 지금도 가끔씩 만나는데, 그 중의 한 명은 나의 책에 등장하는 성공한 이자카야 가게의 사장이다.

마침내 어학연수를 무사히 마치며, 나의 인생의 꿈과 목표를 해외에서 활약하는 비즈니스맨과 멋진 재즈 뮤지션으로 잡았다. 복학 후 누구보다 영어와 재즈 피아노를 열심히 공부했다.

《상상의 힘》의 저자이면서 세계적인 강연자였던 네빌 고다드(Neville Goddard)는 '꾸준히 상상하고 결말의 관점에서 생각하면 원하는 어떤 것도 이룰 수 있다'고 말했다.

그의 말대로 나는 정말 원하던 대로 세계 초일류 대기업 해외 영업과 마케팅 부서에서 근무하게 되었다. 또한 재즈 밴드를 결성하고, 앨범도 냈다. 그런데, 여기서 나의 동화는 끝나지 않았다.

아직 한 번 더 반전이 있었다.

가정을 갖고, 뒤늦게 가진 쌍둥이와 함께 행복하게 오래오래 살아야 하는데, 마흔이 넘어서 두 번째 '사십(四十)춘기'가 왔다. 이제는 나의 진정한 인생의 '목적'을 찾고자 했다.

평생 재즈, 명상, 작곡, 독서, 일본어, 중국어, 삼국지, 마케팅, 맛집, 역사 등 끊임없이 공부를 멈추지 않는 이유를 찾아야 했다. 결국 그 해답은 '책'에서 찾았다.

나는 인생의 '모든 공부'가 좋았고, 공부를 통해서 배운 것을 다른 이들에게 전달할 때 진정한 행복감을 느꼈다. 그래서 나의 오랜 직장 경험과 공부한 노하우를 다른 분들에게 남겨주고 싶어서 이 책을 집필했다. 그리고 이러한 공부를 통해서 많은 분들이 품격 있는 삶을 살기를 원한다.

품격이란 대단한 것이 아니다. 아주 사소한 것에서부터 시작한다. 즉, 내가 좋아하는 공부를 꾸준하게 하는 것이 '품격 있는 삶'이다. 물론 그냥 공부를 많이 하는 것은 답이 아니다.

이 책의 제목에 나와 있듯이 "공부의 품격"은 늘 공부하고 생각하는 삶을 말한다. 세계 4대 성인 중 한 명인 공자도 "배우나 생각하지 않으면 공허하고, 생각하나 배우지 않으면 위험하다"라고 말했다. 결국 내가 좋아하는 공부를 꾸준히 하고, 배운 것을 생각하고 마음속에 되새겨야 한다.

우리는 살면서 참 많은 공부를 하지만 대부분 좋은 학교, 좋은 직장을 얻기 위해서다. 정말로 우리가 원하는 공부를 하지 않는다. 아니, 이제 원하는 공부를 하기에 너무 지쳐버린 것이다. 취직을 해도 내가 좋아하는 공부가 아닌 자기를 괴롭히는 '자기괴발' 공부를 하고 있다. 그래서 사람들은 '자기계발'에 대한 부정적인 인식을 갖고 있다.

하지만 진정한 공부는 내가 즐기고 사랑하는 공부다. 그것은 인간관계에 대한 것일 수도 있고, 돈, 시간, 마음, 건강, 외국어, 음악, 운동 등 아주 다양하다.

이렇게 사소한 공부를 꾸준히 하면 나만의 지극히 짧고도 사소한 공부의 품격을 완성할 수 있다. 품격 있는 삶을 살면, 인생의 여유가 생기고, 삶의 방향성이 아주 뚜렷해진다.

세계적인 명상가인 파울로 코엘료(Paulo Coelho)가 말한 바와 같이 껍데기만 남은 죽은 사람으로 사는 것보다 영혼이 깨어난 산 사람으로 살아야 한다.

이 책을 통해서 단 한 분의 독자라도 죽었던 영혼의 불꽃이 다시 한 번 되살아날 수 있기를 진심으로 바란다.

나탄

어학과 재즈로 상징되는 저자의 삶은 곧 그가 인지와 감정의 균형 속에 성장과 성취를 이루어 왔음을 방증한다. 그렇기에 저자가 전하는 품격 있는 삶으로의 초대와 이정표들은 명료하면서도 따스하다. 저자의 제안과 격려가 긴 삶의 여정을 앞둔 젊은이들에게 마치 기분 좋은 재즈의 선율처럼 은은하면서도 오랜 울림으로 다가가길 기대한다.

— 상명대학교 경영학부, 최준원 교수

이 책을 처음 접했을 때 가슴이 뛰었다. 왜냐하면 나는 저자와 마찬가지로 학창 시절 공부를 잘 못했지만, 원하는 것을 끊임없이 찾아 나서면서 품격 있는 지성인이 무엇인지 알게 되었기 때문이다. 결국 성공, 품격, 여유는 모두 자기가 무엇을 원하는지 질문하는 것부터 시작된다. 만약 지금이라도 내가 원하는 것을 찾고 싶다면 이 책을 강력히 추천한다.

— Credit Suisse 투자 은행 트레이딩, 김상훈 부문장

마흔 살이 되면서 아이 둘을 키우며, 직장에 다니고 있는 소위 워킹 맘. 무언가 자기계발과는 거리가 먼 종족이다. 늘 생각은 많다. 시간을 더 쪼개서 어학을, 독서를, 취미활동을 하고 싶다. 그러나 늘 작심 한 달로 끝이 나고는 했다. 정말 작은 것부터 즐길 수 있는 것을 찾게 해주는 이 책을 워킹 맘, 혹은 열심히 살고 싶은데 지금 급한 일에 치여 자꾸 작심삼일이 되어버리는 모든 이에게 추천하고 싶다.

— YG Entertainment 경영전략팀, 정유진 팀장

"모범적인 날라리로 사는 비법"

저자는 첫 직장의 선배였다. 직장생활과 인간관계뿐만 아니라 재즈피아노를 멋지게 치는 모습을 보며 '이 인간의 끝은 어디인가?'라고 부러워하기도 했다. 이는 마치 학창 시절, 날라리인데 성적도 좋고 인기도 많은 학생을 보는 느낌이라고 할까? 그동안 저자가 숨겨두었던 비법을 읽고, 모두 행복한 삶을 찾았으면 한다. Live happily ever after!

— 체리부로 전략기획실, 김강흥 전무

바쁜 직장인으로 매일 쳇바퀴 돌듯 지내는 중 얼마나 "나"를 사랑하고 돌아보는 시간을 보내고 있는지 아쉬워하는 분들이 많다. 회사와 가정의 일을 완벽히 소화하면서도 나만의 여유 있는 시간을 찾고 음반, 저서집필 등 활발한 창작활동을 병행하는 저자의 비결이 평소에 늘 궁금했는데, 이 책이 나에게도 큰 도움이 될 것 같다.

— AlixPartners, 김성은 상무

1장

'공부'에
'Why'를 부여할 때
비로소
격格이 생겨난다

1-1

자기 '계'발을 하랬더니 자기 '괴'발을 하고 있었구나

레오나르도 다빈치(Leonardo da Vinci)는 "목적 없는 공부는 기억에 해가 될 뿐이며, 머릿속에 들어온 어떤 것도 간직하지 못한다."라며 공부의 목적성을 강조했다. 우리나라 사람들 대부분은 공부의 목적이 좋은 대학에 입학하거나 취직하기이다. 물론 나도 예외는 아니었다.

통계청에 따르면 우리나라 사교육비는 연간 18조원 규모(2015년)이다. 민간 자료 조사 기준으로는 무려 30조원에 달한다. 중학생과 고등학생의 사교육비도 평균 월 26만원 수준이다. 물론 민간 자료 기준으로 본다면 이보다 2배 가까이 든다. 대학에 가도 마찬가지이다. 1년간 미국 어학연수 비용은 연간 3,000~4,000만원 수준이고, 유학비용은 차이가 크지만 수억 원 수준의 막대한 비용이 드는 것으로 나타났다.

그런데 이렇게 비용과 시간을 투자해 열심히 공부하고 스펙을 쌓아도 입사 후에는 화려한 스펙이 점차 빛을 잃는다. 회사에서는 업무 능력이 스펙보다 중요하기 때문이다. 따라서 승진을 위한 포인트를 쌓기 위해서 최소한의 공부만 하게 된다. 공부와 담을 쌓은 직장인도 많다. 비단 공부뿐만 아니라 책과도 담을 쌓는다.

조사기관(엠브레인 트렌드 모니터)에서 전국 만 19~59세 성인 남녀 1,000명을 대상으로 설문조사한 결과, 이들은 한 해 동안 평균 10권의 책을 읽은 것으로 조사됐다. 이 중 전체의 절반가량(48.6%)이 과거보다 책을 적게 읽는 것 같다고 응답했다. 독서량이 줄었다고 답한 사람들은 시간 부족(57.8%)을 가장 큰 이유로 꼽았고, 책을 보지 않아도 즐길 거리가 많다는 답변(28.0%)도 상당수를 차지했다.

사실 이 기관이 조사한 것보다 자신의 주변을 생각해 보자. 책을 들고 다니거나 읽는 사람은 거의 천연기념물 취급을 할 정도이다. 대부분이 책보다는 최근 시청한 드라마, 영화, 연예인, 주식시장 등에 더 관심이 많다.

그렇다면 그동안 학교에서 배운 교육과 나를 괴롭히면서 몇만 시간을 투자한 자기계발은 무엇을 위한 것인가?

먼저 자기계발을 위해서 제일 많은 시간을 투자하는 영어 공부를 살펴보자. 평소 외국인과 교류할 일이 없다면 영어를 쓸 일이 많지 않다. 그래서 나이가 들수록 점수를 취득하기 위한 공부로 전락한다. 돌이켜보면 학창 시절에 원어민보다 더 많은 양의 단어를 외웠다.

'VOCA 3000', 'VOCA 10000'에 나오는 단어를 모두 외우면 나 자신의 영어 실력도 부쩍 늘어난다고 생각한다. 물론 대학 입학, 취업이나 승진을 위해서 객관적인 지표가 되는 점수가 필요하다. 나도 20대에는 토플 점수, 20대 중반 이후는 토익 점수, 30대 들어서는 회화 점수에 매달렸다. 하지만 점수에 매달리는 공부와 자기계발은 결국 한계를 드러낸다.

어학만이 아니다. 각종 자격증, 석사, 박사 학위 등 스펙을 쌓기 위한 자기계발은 재미가 없다. 자기를 괴롭히는 자기계발을 하고 나면 공부에 대한 흥미는 당연히 시들 수밖에 없다.

우스갯소리로 이런 얘기도 있다. 어릴 적 피아노, 태권도, 외국어를 능숙하게 배워도 직장인이 되면 피아노, 태권도, 외국어를 배운 적 있는 평범한 회사원이 된다는 것이다.

전 세계 1,500만 부가 팔린 베스트셀러《행복한 이기주의자》의 저자인 웨인 다이어(Wayne Walter Dyer)는 "학교는 붕어빵 양성소이다."라고 말했다. 자신이 진정 좋아하는 취미를 가지려고 자기계발을 하는 것이 아니라 부모의 성화에 못 이겨서 또는 자신의 이력서를 꾸미기 위한 자기계발은 시간이 지나면서 점차 잊힌다. 우리는 단지 다른 이들처럼 자기계발에 매달린 '붕어빵' 중의 하나가 되는 것이다.

만약 사막에 떨어져서 물 한 통만 주고 집을 찾아가라고 하면 학교에서 배운 것을 얼마나 사용할 수 있을까?

일단 통 속의 물이 현재 몇 리터이고, 하루에 얼마씩 마셔야 살아

남을 수 있다는 것을 계산해야 한다. 그리고 사막에서 먹을 음식, 스마트폰 없이 제대로 된 방향을 찾아가는 방법과 최소한의 의사소통을 할 수 있는 외국어 능력이 필요하다. 즉, 실용적인 공부만 해도 사는 데 큰 지장은 없다. 하지만 공부의 목적이 오직 실용성에만 있는 것이 아니다.

나의 블로그 이웃 중 한 명은 일본 드라마 전문가다. 그가 일본 드라마에 대한 글을 올리면 많은 일드 팬들이 그의 글을 읽고 드라마를 시청하는 데 중요한 가이드로 삼는다. 물론 그는 일본 드라마 전문가가 되기 위해서 일본어를 정말 열심히 공부했을 것이다. 이렇게 우리도 좋아하는 분야에 대해서 열심히 공부하다 보면 파워 블로거나 전문가로서 인정을 받을 수 있다.

내가 좋아하는 자기계발은 많은 장점이 있다.

첫째, 즐겁게 공부하고 스트레스도 해소할 수 있다. 외국어 공부도 점수를 올리기 위한 목적보다는 그 나라의 문화와 사람들을 이해하기 위해서라면 더 흥미를 느낄 수 있다. 또한 회사에서 받은 스트레스를 건전한 방식으로 풀 수도 있다.

둘째, 내가 좋아하는 분야의 전문가가 된다. 드라마를 좋아한다면, 드라마에 대해 나만의 평을 써서 블로그나 SNS(소셜 네트워크 서비스)에 남기면 된다. 글을 올리다 보면 드라마와 관련된 배경, 감독, 작가, 배우들에 대해서 공부하고 그 분야의 전문가가 된다.

셋째, 다른 이들에게 '기브(Give)'의 행위도 할 수 있다. 앞서 언급한 블로그 활동은 다른 이들에게 내가 느낀 생생한 감동이나 정보를 전달할 수 있는 '기브'의 행위이다.

이제 다시 한번 자신을 돌아볼 때이다.

여러분이 살면서 흥미를 느끼거나 배우고 싶었던 분야는 없었는가? 어떠한 분야도 상관없다. 하다못해 화초를 잘 키우는 법도 별것 아닌 것처럼 보이지만 내가 공부해서 남과 공유한다면 지구상의 누군가에게 도움을 주고 나에게도 기쁨과 보람을 줄 것이다.

이렇게 내가 좋아하는 "자기계발"은 괴롭지 않고 즐거워야 한다. 더 이상 "자기괴발"을 해서는 안 된다.

1-2

40대에 대성하는 남자배우들의 비밀

영화 〈아저씨〉를 본 적이 있는가?

원빈이라는 배우가 영화 〈아저씨〉를 통해서 아저씨에 대한 새로운 지평을 열었지만, 그것은 현실 속에서 불가능한 슈퍼맨 아저씨다. 아저씨가 그렇게 삭발해도 멋있고 몸매도 좋으면서 1대 100으로 싸울 수 있다는 게 과연 가능할까?

이런 슈퍼맨 아저씨를 제외하더라도 요새 성공한 40대 배우들을 보면 멋있고 자신만의 품위가 느껴진다.

이병헌, 이정재, 원빈, 장동건, 정우성과 같은 꽃중년도 있지만, 하정우, 신하균, 차태현, 유해진, 안내상 등 자신만의 품위가 있는 배우들도 있다. 이들은 한 분야에서 최소 15~20년 이상 내공을 닦았고, 다양한 배역을 소화함으로써 지금의 위치에 이르렀다.

많은 배우 중 유해진 씨는 27세라는 배우로서는 늦은 나이에 영화계에 데뷔하여 〈블랙잭〉(1997년) 단역, 〈간첩 리철진〉(1999년) '어깨 2' 단역으로 출연했다. 그가 〈왕의 남자〉(2005년)로 주목을 받기 시작한 것은 35세가 되어서다. 그가 700만 명의 관중을 동원한 〈1987〉(2017년)이라는 영화에 출연하기까지 20년간 무려 50여 편의 영화를 찍었다.

그는 늦은 나이에 데뷔한 데다 무명이라는 길고 어두운 터널을 지나왔다. 하지만 자신에게 주어진 역할을 묵묵히 해내며 작품 생활을 이어갔다. 그러던 중에 2007년 〈트럭〉을 통해 생애 첫 주연을 맡았지만 아쉽게도 흥행 성적은 저조했다. 그래도 멈추지 않고 다른 작품에 출연하며 다작 행보를 이어갔다. 그는 마침내 대한민국을 대표하는 배우로 우뚝 섰다. 지금까지 그가 출연한 영화의 누적 관객 수가 1억 명을 훌쩍 뛰어넘는다.

성공한 배우들의 배경에는 자신의 일을 사랑하는 열정과 꾸준함이 있다. 이를 바탕으로 한 우물을 계속 팠기 때문에 가능한 일이라고 본다. 만약 단순히 돈을 버는 데만 치중했다면 과연 지금의 성공이 있었을까 라는 생각이 든다.

국내뿐만 아니라 할리우드에는 예전 40대 배우(지금은 50~60대) 중에서 조지 클루니(George Clooney), 브래드 피트(Brad Pitt), 리처드 기어(Richard Gere) 등이 품격을 갖춘 배우들이다. 리처드 기어는 〈프리티 우먼〉이라는 영화에서 꽃중년의 시조새 역할을 했다. 능력 있는 부자 사업가이면서 피아노도 멋있게 잘 친다. 거기에 불우한 가족사로 인해서 여성들에게 모성애를 자극하는 캐릭터다. 겉보기에 완벽한 품위를 갖춘 리처드 기어도 꾸준함의 화신이다. 26세에 조연으로 데뷔해서 1975년부터 2017년까지 42년간 총 57편의 영화에 출연했다. 그가 〈귀여운 여인〉으로 할리우드 스타가 되었을 때 나이가 41세였다. 하지만 그가 멋진 신사 역할만 한 것은 아니었다. 부패하고 무기력한 경찰에서부터 아내와 직장을 잃은 노숙자까지 다양한 역할을 소화했다.

그러면, 영화 〈쉘 위 댄스〉의 주인공은 어떤가?

일본의 국민 배우인 야쿠쇼 코지(한국의 안성기 배우 같은 국민배우)가 주연을 맡아서 평범한 일본의 40대 직장인을 연기했다(공교롭게도 〈쉘 위 댄스〉 미국판 영화(2004년)의 배우가 리처드 기어이다). 이 영화의 주인공은 전형적인 중산층 40대다. 그는 회사와 가정을 쳇바퀴처럼 도는 삶에 인생의 권태로움을 느끼고 있었다. 어느 날 퇴근길 전철 안에서 지친 몸으로 차창 밖을 바라보다 댄스 교습소 바깥에 서 있는 아름다운 여인을 발견한다. 그곳에서 사교댄스를 처음으로 접하고 잊었던 젊은 시절의 '열정'을 다시금 불태운다는 내용이다. 야쿠쇼 코지가 이 영화로 유명해진 나이가 44세였다. 그도 35년간 60여 편의 영화에 꾸준히 출연했다.

30, 40대의 매력과 품격은 일뿐만 아니라 자신이 좋아하는 것에 대한 꾸준한 열정에서 완성된 것이라고 본다. 나도 젊은 시절 많은 방황을 했지만 지속적으로 이어온 독서, 음악, 외국어 등이 나중에 큰 도움이 되었다.

책은 내가 힘든 시절 지탱해 주는 친구가 되었고, 음악은 삶의 충만함과 감동을 알게 해 주었다. 외국어는 세상을 보는 시야를 넓혀 주었다. 이러한 꾸준함과 열정이 결국 지금의 나를 만들었다고 본다.

모소 대나무 이야기를 아는가?

농부들이 수년 동안 온갖 정성을 다해 대나무를 심고, 키우지만 대나무는 4년이 지나도 불과 3cm밖에 자라지 못했다. 외부에서 온 장사꾼은 그것을 보면서 농부의 어리석음을 탓했다. 그런데 이 대나무가 4년이 지나고 5년째가 되자 6주 만에 무려 15m 이상 자라고 그곳은 울창한 대나무 숲이 되었다. 그 광경을 믿을 수 없어 하던 장사꾼은 한 노인에게 이유를 물었다. '모소'라는 이름을 가진 이 대나무는 순을 내기 전에 먼저 뿌리가 땅속으로 멀리 뻗어 나가고 그 뿌리들로부터 자양분을 얻어 순식간에 키가 자란다고 했다. 5년이라는 기간은 말하자면 뿌리를 내리는 준비 기간이다.

따라서 겉으로 드러난 성공만 보기보다 그들이 품격을 완성하기 위해서 모소 대나무처럼 어떤 노력을 기울였는지 생각해야 한다. 그들은 배우로 성공하기 위한 꿈을 이루기 위해서 오랜 무명을 견디고 인고의 시간을 보냈다.

제일 좋아하는 소설가 중의 한 명인 무라카미 하루키(むらかみ はるき)도 《작가란 무엇인가》라는 책의 인터뷰에서 "나는 책을 집필하는 6개월 동안은 매일 같은 시간에 일어나고 같은 시간에 잔다."라고 말했다. 그는 이미 세계적으로 유명한 작가이지만 책을 쓸 때는 누구보

다 하루하루 꾸준히 노력하고 최선을 다한다. 이러한 꾸준한 자세를 유지한 덕분에 그는 지금까지 무려 13편의 장편과 17편의 단편 소설집을 남겼다.

우리도 한 분야에서 성공하기 위해서 인내하고 최선을 다했는지 생각해 보자. 단순히 밥벌이로서가 아니라 그 분야에 전문가가 되기 위해서 오랜 시간 자신의 실력을 갈고 닦았는가? 물론 쉽지는 않다. 노력한 만큼 바로 결과가 보이지 않기 때문에 중간에 포기하고 주저앉고 싶은 생각도 들 것이다. 하지만 나만의 꿈나무를 키우고 열매를 맺기 위해서는 오랫동안 '할 수 있다'는 긍정의 물을 계속 뿌려줘야 한다. 그래야만 40대에 대성한 배우들처럼 달콤한 성공을 누릴 수 있다.

1-3

지극히도 내가 내게 소홀했던 것들

미국 경영학계의 살아 있는 전설이자 하버드 경영대학원에서 40년 넘게 재직한 하워드 스티븐슨(Howard Stevenson) 교수는 그의 저서 《하워드의 선물》이라는 책에서 이렇게 말했다.

"경주마는 달리기 위해 생각을 멈추지만, 야생마는 생각하기 위해 달리기를 멈춘다."

우리는 경주마처럼 앞을 향해 무조건 달려왔다. 초등학교부터 대학교 졸업까지 16년간 달려왔고 마침내 원하는 회사에 입사해도 계속 달려야 한다. 시간이 지날수록 업무에 대한 노하우도 생겨서 삶의 여유가 있어야 하지만 여전히 멈출 수 없다. 대출금도 갚아야 하고, 승진도 해야 한다. 후배도 나를 열심히 쫓아오고 있다. 그래서 경주마들이 달리는 것처럼 나도 같이 달린다.

한 일화가 있었다. 아는 지인이 일본 관광을 갔는데, 거리에서 긴

줄을 발견하고 같이 줄을 서서 기다렸다. 일본은 맛집 앞에서 줄 서기가 워낙 유행이니 기다리다 보면 맛있는 음식을 먹을 것이라고 기대했다. 하지만 1시간을 기다린 끝에 알고 보니 화장실 가는 줄이었다고 한다.

우리도 마찬가지 아닌가? 남들이 차장, 부장, 임원이 되니 나도 그렇게 되어야 한다고 생각한다. 하지만 이렇게 바쁘게 살아오면서 자신에게 소홀했던 것은 무엇일까?

《대한민국 40대 사망 보고서》라는 무시무시한 책이 있다. 40대 사망의 원인으로 간질환, 간암, 뇌혈관질환, 당뇨병, 고지혈증, 비만, 위암 등 신체 질환 외에 교통사고와 자살도 있다. 그야말로 각종 질병이 40대에 몰려 있고, 교통사고나 자살이라는 불의의 사고도 포함되어 있다.

40대는 이렇게 각종 위험에 노출되어 있지만 자신의 건강을 관리해 주는 사람은 아무도 없다. 나만의 '주치의'가 있어서 매일매일 정신적 · 육체적 건강을 점검해 주면 좋겠지만, 그것은 현실적으로 불가능하다.

우리는 자신의 건강에 소홀하면서 동시에 행복도 챙기지 않고 있다. 즉 계속 앞만 바라보고 있으니, 현재 나의 모습이 보이지 않는다. 학창 시절부터 지금까지 쌓은 나만의 포인트, 즉 졸업장, 자격증, 인사 가점, 각종 포상은 마치 백화점이나 마트, 커피숍에 가면서 포인트를 올리는 것과 같다.

하지만 우리의 신체적 · 정신적 영혼의 건강 포인트는 얼마나 될까? 우리는 자신의 건강과 행복을 전당포에 저당 잡힌 채 살고 있다.

이제는 야생마처럼 멈추고 생각할 때이다. 비록 경주마처럼 잘 관리되고 맛있는 여물을 먹는다는 보장은 없지만 야생에서 살아남기 위해서 자신의 건강을 스스로 챙겨야 한다. 아니면 죽을 때까지 아무 생각 없이 달리다가 힘 빠진 경주마가 되어서 결국 마구간에서 죽기만을 기다릴 수밖에 없다.

내과 전문의 게이버 메이트(Gabor Mate)는 자신의 책《몸이 아니라고 말할 때》에서 솔직한 감정을 억압할 때 몸이 어떻게 고통을 표현하는지 냉정하게 경고한다. 즉, 루게릭 환자들을 치료해온 신경학자들은 그들에게 특이한 공통점이 있는 것을 발견했다. 바로 대부분의 환자들이 가장 좋은 성격 그룹에 모여 있다는 것이다.

이런 성격적 특성은 유방암이나 전립선암, 백혈병, 림프종, 폐암 등의 질병에서도 비슷하게 나타났는데, 그들 역시 감정을 극기하고 억압하는 경향이 있었다고 한다.

사회생활을 하다 보면 자신의 감정을 바로 드러내기가 쉽지 않다. 사회 초년생일 때는 감정을 좀 더 표현하지만, 시간이 지날수록 점차 감추게 된다. 내 감정을 표현하면 득보다 실이 크기 때문이다. 하지만 내 몸은 병이 든다. 특히 내가 하기 싫은 일을 매일 하면서 싫은 소리를 듣고 싶은 상사와 회식까지 하면 저승행 티켓을 남들보다 먼저 예약하는 것이다.

직장인 A는 매주 타이레놀 두통약을 찾고, 책상 위에 항상 명상 책이 놓여 있다. 속이 썩고 있는데, 겉으로는 아닌 척하려다 보니 내 몸이 반항을 일으켜서 그렇다. 물론 나도 예외는 아니다. 편두통, 어깨 결림, 위장병 등은 기본이다. 평소에 긴장하고 안 좋은 감정을 쌓아두다 보니 이런저런 병이 들었다. 그런데 스트레스 쌓인 것을 술로 푸는 것은 건강을 망치는 지름길이다. 농담처럼 이런 말이 있다. '내가 술을 마시는 게 아니고 술이 나를 마신다고'.

나의 건강은 오로지 나의 책임이다. 어떻게 하면 좀 더 자신을 챙길 수 있을까?

첫째, 내 몸을 있는 그대로 봐야 하고 현재 몸 상태를 인정해야 한다. 내 몸은 10대나 20대의 몸이 아니다. 예전처럼 무거운 역기를 마음대로 들 수 없다. 운동할 때 좀 더 조심하고 무리하게 운동을 하면 안 된다.

둘째, 음식을 조심해서 먹어야 한다. 돌을 씹어 먹어도 될 나이는 지났다. 내 마음대로 먹고 싶은 것을 먹을 수 있다고 생각하지만 모든 것에는 원인과 결과가 있다. 매일 라면을 먹거나, 일회용 컵을 사용하거나, 곱창을 먹거나, 짠 음식을 섭취하면 내 몸에서 당연히 이상 신호가 온다. 20대까지는 내 몸의 '내구성(endurance)'으로 버티지만 이제는 그 결과가 바로 나타난다. 우리 몸을 함부로 한 것에 대한 계산서가 청구된다.

셋째, 자신의 감정에 솔직해야 한다. 그렇다고 내 마음의 화나 응어리를 상대방에게 무조건 풀어서는 안 된다. 냉정하게 거절하고 내가 맺힌 감정을 풀어낸다고 건강해지는 것은 아니기 때문이다. 오히려 남에게 마음의 상처를 입히는 실수를 범할 수 있다. 중요한 것은 나 자신의 한계를 넘어서거나 무리라고 생각될 때는 '거부' 의사를 표시해야 한다. 무조건적인 '예스'나 '네'는 내 마음을 병들게 한다.

마지막으로《연금술사》라는 작품으로 유명한 작가 파울로 코엘료(Paulo Coelho)의 말을 되새겨 보자.

"타인을 기쁘게 해 주는 것이 당신 삶의 목적이라면 모두가 당신을 좋아하게 될 것입니다. 당신 자신만 빼고 말이지요."

1-4

변화의 흐름에 따라가는 사람만이 살아남는다

최근 일본에서는 특정 분야에 집착하는 오타쿠(おたく), 방 안에 틀어박혀 생활하는 히키코모리(ひきこもり)도 전문가로서 인정을 받고 있다. 은둔형 외톨이가 부정적인 이미지로 사회적인 이슈가 되지만, 일본의 IT 대기업 중에는 이들의 채용을 늘리는 곳이 있다.

한 소프트웨어 기업은 직원 8,000명 중 3,500명이 디버깅(오류 찾는 것)을 하는데, 이들 중 상당수가 오타쿠나 히키코모리라고 한다. 그런데 타 회사 대비 업무 실적이 좋다. 이는 특정 분야에서 한 가지에 집중하는 능력과 문제해결능력이 뛰어나기 때문이다. 오타쿠도 마찬가지이다. 기차, 백화점, 공룡 등 다양한 분야에 전문가인 오타쿠가 있다. 내가 아는 반도체 업계의 일본분은 반도체 라인과 장비에 집착한다. 반도체 장비를 누운 상태로 밑에서 바라보면 스포츠카처럼 너무나 아름답다고 한다. 그분은 자신의 일을 정말 사랑하고 전문가로서 인정받고 있다.

우리나라는 어떤가? 한국고용정보원이 조사한 바(2017년, 국내 621개 작업 종사자 1만 9,127명 대상)에 의하면 우리나라의 직업 만족도는 1위 판사, 2위 도선사, 3위 목사이다. 판사는 명예직이라고 하지만 도선사는 무엇인가? 도선사는 항만, 운하, 강 등 일정한 구역에서 선박에 탑승하여 해당 선박을 안전한 수로로 안내하는 역할을 하는데, 취업 조건이 까다롭지만 연봉이 억대에 달한다고 알려졌다. 결국 명예 아니면 돈이 직업 선택의 조건이다. 그러나 앞으로 많은 직업이 사라질 것이다. 세상은 4차 산업혁명을 맞아서 급격히 변하고 있다.

"하이 빅스비, 오늘 날씨 어때?"
"오늘은 구름이 많고 비가 내릴 예정입니다."

요새 나는 눈을 뜨자마자 휴대폰과 대화를 한다. 앞으로는 기계와 보내는 시간이 많아질 것이다. 특히 4차 산업혁명이 도래하면서 인공지능이 발달하고 로봇이 상용화되면서 많은 일자리들이 사라질 것으로 보인다. 2016년 1월 세계 경제 포럼(WEF)이 열리는 스위스 다보스에서 4차 산업혁명이라는 주제가 관심을 받았다. 이 포럼의 '일자리의 미래보고서'에 따르면 현재 초등학교에 입학하는 어린이들의 약 65%는 현존하지 않는 새로운 직업을 얻어 일하게 되고, 2020년까지 710만 개의 일자리가 소멸하고, 새롭게 창출되는 직업은 200만 개가 될 것이라고 한다.

중국 알리바바 회사의 창립자 마윈(馬雲)은 AI는 인간보다 똑똑할지(smart) 몰라도 현명하진(wise) 않다고 지적했고, AI는 어디까지나 인간을 돕는 용도로 활용돼야 한다고 설명했다. 그리고 자동화시대에는 높은 지능지수(IQ)보다 높은 사랑지수 LQ(IQ of Love, 인류애 지수)가 필요하다고 강조했다. 또한 독립적으로 사고하는 법, 가치, 팀워크 등 유연한 기술을 가르치지 않으면 전 세계는 30년 후 심각한 문제에 봉착하게 될 것이라고 경고했다.

이렇게 다보스 포럼에서 수많은 리더가 관심을 가진 분야는 무엇보다 교육과 인재 유치였다. 그러나 현재의 교육 방식으로는 이러한 변화의 흐름을 따라가지 못한다. 기업에서도 창조 전문가를 육성하기 위해서 다양한 교육 방식을 채용하고 있지만, 그동안 주입식 교육에 익숙한 사람들에게는 변화가 쉽지 않은 상황이다.

그렇다면 우리는 어떤 준비를 해야 할까? 새로운 직업을 찾기 위해서 다시 공부해야 하는가? 우리는 이미 지겹도록 많은 공부를 했다. 4차 산업이 도래하더라도 더 이상 새로운 것을 공부할 심적인 여유가 없다.

하지만 새로운 공부가 없다면 우리의 일상은 어떨까? 쉬는 날에는 남는 시간을 주체할 수 없어서 TV를 본다든지, 인터넷 쇼핑, 드라마, 게임, 인터넷 등으로 시간을 보낸다. 회사에 출근해서 업무를 하고 집에 가면 또다시 같은 행위를 반복한다. 아이들이 아장아장 걷던 게 엊그제 같은데 어느새 유치원, 초등학교, 중학교에 입학하고 자신도 회사에 엊그제 입사한 것 같지만 10년이 지나고 어느 덧 20년이 지나면서 퇴직을 바라볼 나이가 된다. 시간은 쏜살같이 흘러서 60, 70세가 된다. 옆에는 가족도, 친구들도 하나둘씩 떠난다. 청계산에 오르기도 점차 힘들고, 새로운 코스도 귀찮다. 인생이 너무 덧없다고 생각되지 않는가?

《시간 5부작》 시리즈로 유명한 미국의 작가 매들렌 렝글(Madeleine L'Engle)은 다음과 같이 말했다. "자아는 변치 않는 무언가가 아니다. 예쁜 상자 안에 포장되어 아이에게 주어지는 완전무결한 선물이 아니다. 자아는 항상 '되어가는 것'이다." 이렇게 우리의 자아는 계속 변해야 한다. 이를 가장 잘 실현한 사람 중의 한 명은 투수 류현진이다. 그는 메이저리그에 도전한 후 승승장구했으나, 투수에게 치명적일 수 있는 어깨 부상을 입었다. 하지만 떨어진 구속을 만회하기 위해서 변화구의 비중을 높이면서 점차 어려움을 극복해 나갔다.

투수 류현진 정도의 절박한 상황이 아니더라도 새로운 것을 공부한다는 것은 많은 장점이 있다. 본인이 당장 인공지능이나 증강현실 전문가, 로봇 기술자가 되지는 못하겠지만 쳇바퀴 돌듯이 사는 일상에 변화와 활력을 줄 수 있다.

인간이란 기본적으로 반복적이고 단순한 삶을 즐기지 않는다. 그것은 마치 형무소에서 평생 죄수로 지내는 것과 같다. 삶이 단순해지면 시간은 더 빨리 지나간다. 실제로 우리의 뇌는 새로운 경험에 대한 기억은 선명하지만, 지루한 일상에 대한 기억은 별로 남지 않는다고 한다.

새로운 공부는 어떤 것이 있을까? 외국어나 다른 나라의 문화와 역사를 공부한다든지, 아니면 악기, 골프, 테니스, 춤, 와인, 요리 등을 공부하는 것도 방법이다. 나는 작년부터 글쓰기 공부를 시작했다.

글을 쓰면서 새로운 상상을 하는 것 자체가 나를 변화시키고 있다.

《지금 이 길이 내 길인지 묻는 그대에게》라는 책에서 저자인 디아나 드레센(Diana Dreeßen)은 내가 원하는 것을 찾는 방법에 대해서 다음과 같이 말한다. "눈을 크게 뜨고 열심히 바라보면 된다. 혹은 열심히 느끼면 된다. 열심히 귀 기울이고 열심히 느끼다 보면 스스로 깨닫게 될 것이다."

이제 우리는 변화의 흐름에 맞춰서 나 자신이 무엇을 원하는지 잘 들여다보고, 내가 좋아하는 분야의 오타쿠가 되도록 하자. 변화의 흐름에 따라가는 사람만이 살아남는다.

1-5

품격 있는 사람들이 여유가 넘치는 이유

아침 햇살이 쏟아지는 전원주택에서 가죽 소파에 앉아 창밖을 바라본다. 모차르트의 클래식 음악을 듣고 따뜻한 에스프레소 커피 한 잔을 한다. 벤츠 S 클래스를 타고 압구정동의 명품 가게에 내려서 마음껏 쇼핑하고 유유자적하게 떠난다.

이것이 우리가 알고 있는 소위 품격 있는 삶이 아닐까? 하지만 이 책에서 말하고자 하는 품격과는 차이가 있다.

품격(品格) 또는 품위(品位)는 말 그대로 물건의 격식, 즉 좋고 나쁨의 정도이다. 사전적인 의미는 그 사람의 바탕과 타고난 성품이다. 품격이 있거나 높다는 것은 교양, 기품, 품위 등이 있다는 좋은 의미로 해석된다. 반대로 품격이 떨어진다는 것은 그 사람의 교양, 기품, 품위가 떨어진다는 의미도 된다. 물론 각종 매체에서는 비싼 외제차를 타고 명품으로 중무장한 것이 품격이라고 보여주지만, 진정한 품격은 그 사람이 어떤 복장을 하든, 어떤 차를 타고 다니든, 어떤 집에 살든 자신만이 풍기는 품격의 아우라가 있어야 한다.

고대 그리스 철학자 디오게네스와 알렉산더 대왕의 일화는 널리 알려져 있다. 알렉산더 대왕이 인도 정복을 위해 떠나는 길에 유명한 철학자 디오게네스를 찾아갔다. 그는 디오게네스에게 소원이 있다면 어떠한 것도 들어주겠다고 했다. 이 철학자는 자신의 아지트에서 알렉산더 대왕을 올려다보며 "당신이 내게 줄 것은 없습니다. 단지 내게 가장 필요한 것은 당신이 가리고 있는 태양이니 비켜주십시오."라고 말했다. 당시 알렉산더 대왕의 위엄과 권위를 생각한다면 도저히 엄두도 못 냈을 말을 그는 태연하게 내뱉었다. 알렉산더 대왕도 역시 그의 말을 이해하면서 "내가 만일 알렉산더가 되지 않았다면 디오게네스가 되었을 것이다."라고 말했다.

경제적으로 이른바 거지인 디오게네스는 정신적으로 풍요로운 부자인 반면, 알렉산더 대왕은 경제적으로는 엄청난 부자이지만 정신적으로는 궁핍했다. 이것이 바로 품격 있는 사람의 여유이다.

전 세계 부자 순위 1, 2위에 오르는 마이크로소프트의 창업자인 빌 게이츠(Bill Gates)는 막대한 부를 쌓았지만 동시에 엄청난 돈을 기부했다. 미국의 CNBC 뉴스에 따르면 2017년 미국에서 가장 많은 금액을 기부한 사람 목록에 그의 이름이 올랐다고 한다. 빌 게이츠와 멜린다 게이츠(Melinda Gates) 부부가 48억 달러를 기부해 명단에 첫 번째로 이름을 올렸고, 2위는 마크 저커버그(Mark Zuckerberg) 페이스북 CEO와 프리실라 챈(Priscilla Chan) 부부로 20억 달러를 기부했다고 한다. 또한 그는 죽기 전까지 재산의 95%를 사회에 환원한다고 약속했고, 워런 버핏(Warren Buffett)과 함께 'The Giving Pledge'를 만들어 전 세계 부호들의 기부 동참을 적극 권하고 있다. 이 모임에 이미 542조원 이상이 모였다.

투자의 귀재인 소프트뱅크의 손정의 CEO는 어떤가? 그의 가장 성공한 투자 중의 하나는 알리바바라는 중국 제1의 인터넷 상거래 회사에 대한 지분 투자이다. 알리바바가 유명해지기 전에 240억원을 투자해서 회사가 상장 후 지분이 95조원이 되었다고 한다. 그는 성공할 확률이 70% 이상이라면 투자해야 한다는 원칙을 갖고 있는데, 이는《손자병법》이란 책을 통해서 만들어낸 자신만의 '제곱병법'에 기반을 둔 것이다.

이렇게 그는 끊임없이 공부하는 사람이다. 26세에 중증 만성 간염으로 3년간 병원에서 지낼 때도 4,000여 권의 책을 읽으며 사업을 구상했고, 이를 통해서 소프트뱅크를 세계적인 기업으로 성장시켰다. 치열한 공부의 배경에는 일에 대한 호기심과 열정을 갖고 있었기 때문이다. 그에게는 더 이상 부를 통한 '금격(金格)'의 의미가 없다.

빌 게이츠, 손정의 회장뿐만 아니라 워런 버핏, 스티브 잡스, 앨런 머스크, 마크 저커버그, 인드라 누이(Indra Nooyi, 펩시 회장), 왕스(완커 그룹 창업자) 등 사회적으로 성공한 사람들은 자신이 좋아하는 것에 대해서 열정과 왕성한 호기심을 갖고 있다.

하지만 우리는 어떤가? 품격이 밥 먹여 주냐고 생각한다. 업무가 쉴 새 없이 쏟아지지만 그냥 숙제라고만 생각하고 빨리 끝내려고 한다. 이렇게 바쁜 삶에 쫓기듯이 살다 보면 업무의 목적, 즐거움, 삶의 여유와 품격을 생각할 여유가 없다. 물론 한국인 특유의 '빨리빨리' 문화는 한국의 GDP(국내총생산) 순위를 전 세계 11위(2018년 IMF 기준)에 올려놓았다.

반면 UN에서 발표한 세계 행복 지수 1위(2018년)를 차지한 국가가 어디인지 알고 있는가? 짐작했듯이 북유럽 국가 중의 하나인 핀란드가 차지했고, '휘게(Hygge)'라는 유행어를 탄생시킨 덴마크가 3위다. 한국인만큼 근면한 일본인의 행복 지수는 54위고, 우리나라는 57위이다.

이렇게 우리나라의 물질적인 풍요(GDP)와 행복 지수의 엄청난 차이를 어떻게 설명할 수 있을까? 그것은 물질적인 풍요의 속도를 정신이 따라가지 못했기 때문이다. 이러한 차이로 인해서 많은 사람이 불행함을 느끼는 것이다. 그래서 '소확행(작지만 확실한 행복)'이나 덴마크의 휘게가 뜻하는 '아늑함', '편안함'의 삶이 각광을 받고 있다.

요새 말하는 품격이 있는 삶이란 철학자 디오게네스와 같이 일상의 소소한 행복을 즐기면서 가족이나 친구들과 공유하는 것이다. 예를 들어 친구들과 같이 캠핑장에서 바비큐를 해 먹거나 따뜻한 커피를 마시면서 대화를 나누는 것이 '휘게'한 삶이다.

나는 젊은 시절 좌충우돌하면서 행복 지수가 바닥이었다. 대학에 입학하고, 회사에 입사해도 행복 지수는 좀처럼 오르지 않았다. 하지만 시간이 지나면서 나의 일에 보람을 느끼고, 내가 좋아하는 공부를 하면서 사소한 곳에서 행복을 찾게 되었다. 만약 내가 좋아하는 것이 없었다면 나의 인생은 어땠을까 라는 생각을 한다. 더 좋은 옷과 가방, 자동차, 집을 소유하려고 안달이 났을 것이고, 그것을 이루고 난 후의 공허함도 같이 느꼈을 것이다.

따라서 기브(Give)의 마음, 호기심, 열정, 삶의 여유와 같은 정신적인 품격을 먼저 갖추어야 한다. 아무리 사소하더라도 내가 좋아하는 것을 꾸준히 한다면 나의 품격은 저절로 쌓이고 나의 행복 지수도 같이 올라가게 된다. 이것이 바로 정신적으로 품격 있는 사람들이 여유가 넘치는 이유이다.

1-6

인생 독학의 즐거움을 깨달을 때 비로소 인생이 달라진다

"배우고 때로 익히면 또한 기쁘지 아니한가."

— *공자*

세계 4대 성인 중 한 명인 공자는 약 2,500년 전에 이미 배움의 즐거움을 이렇게 역설했다. 최근에 공부, 특히 독학에 대한 책이 많이 출간되었다. 《혼자 하는 공부의 정석》, 《마흔, 혼자 공부를 시작했다》, 《혼자 공부하는 힘》 등이 그것이다.

물론 공부 관련 책들이 나오니 나도 해야 하는 것 아닌가라고 사회적 압력을 받는 순간 또다시 괴로운 자기계발 공부가 된다. 하지만 공부란 정답이 없고 거창한 것이 아니다. 나의 사정에 맞춰서 좋아하는 공부를 하면 된다.

그런데 요즘에 왜 이렇게 공부에 대한 책이 줄을 잇는 것일까? 그것은 물질적으로 풍요해지면서 나의 배는 채워지지만, 나의 뇌와 마음은 점점 비어가고 황폐해진다고 느끼기 때문이다. 따라서 자신이 좋아하는 공부를 함으로써 스스로의 가치와 행복을 찾으려고 한다.

내가 좋아하는 공부는 무엇이 있을까? 젊은 시절 나의 꿈이 화가였다거나 그림에 관심이 있었다면 그림을 공부해 보자. 인터넷이나 유튜브(YouTube) 검색 또는 책을 구입해서 미술 공부를 할 수 있다. 물론 가까운 동네 학원이나 문화센터에 등록해서도 그림을 배울 수 있다. 하지만 그림을 그린다는 것은 온전히 나만의 시간을 투자하는 행위다. 즉, 다양한 그림을 보고 수없이 따라서 그려봐야 한다. 이렇게 꾸준히 하면서 자신의 혼자한 공부(이하 '혼공')로 작품이 완성된다면 그 기쁨은 이루 말할 수 없을 것이다. 더군다나 최근에는 SNS가 발달하여 전 세계의 친구들에게 나의 작품을 선보일 수 있다.

혼공의 장점은 언제든지 시간을 쪼개서 나의 시간을 확보할 수 있고 꾸준히 하면 나만의 결과물이 나온다는 점이다. 나도 음악을 배우고 작곡도 하고, 앨범도 내놓았다. 나만의 앨범을 내자는 꿈을 이루었고 어디를 가든 음반을 낸 뮤지션이라고 인정받는다. 음반을 낸 후에 자신감을 갖게 됐고 이제는 매일 글을 쓰고 있다. 아침에 일어나면 제일 먼저 명상을 하고 노트북을 켜고 차 한 잔 마시면서 글을 쓰는 것이 자연스럽게 습관이 되었다.

어학 공부도 마찬가지다. 회사에서 제공해 주는 강좌를 통해서 기본적인 문법과 회화를 배우지만 결국은 혼자 공부해야 한다. 혼자 공부하면서 단어를 외우고, 문장을 외워야 한다. 최근에는 스마트폰의 앱이 워낙 발달하여 자신이 발음한 것을 바로 평가해 볼 수도 있다. SNS를 통해서 다른 외국인 친구들에게 내가 배운 언어를 바로 활용할 수도 있다.

혼자 하는 공부의 가장 큰 어려움은 '유혹'이다. 회사 업무를 끝내고 지친 몸으로 집에 돌아오면 소파에 누워서 TV 채널을 돌리거나 스마트폰으로 인터넷을 검색하고 싶다. 그것은 당연한 현상이기 때문에 본인이 시간을 잘 관리해야 한다. 30분만 TV나 인터넷을 하고 그다음에는 내가 해야 할 공부를 하면 된다. 하지만 아무리 내가 좋아하는 공부라도 TV나 인터넷의 유혹을 이기기는 힘들다. 따라서 나의 의지가 약하다면 그 유혹의 요소를 제거해야 한다. 그래서 나는 거실에 있는 TV의 전원 코드를 뽑았다.

《호오포노포노의 비밀》의 저자이면서 '영혼 마케팅'의 창시자로 불리는 조 비테일(Joe Vitale) 작가는 "의지는 내 선택권 밖에 있다."라고 말했다. 저자의 말대로 나 역시 나의 의지를 믿지 않는다. 의지를 믿느니 차라리 외부 환경을 제약하는 편이 낫다.

그러면 혼공, 즉 독학을 잘하려면 어떻게 해야 하는가?

첫째, 강한 목적의식을 갖고 있어야 한다. 세계적인 성공학의 대가인 나폴레온 힐(Napoleon Hill)도 "성공은 명확한 목표를 정하는 것부터 시작된다."라고 했다. 나는 매일 글을 쓰고 있고, 출근 시에는 영어나 중국어 단어를 이어폰으로 듣는다. 이는 나중에 외국에서 강연을 하고, 다른 이들에게 도움이 되는 메시지를 전달하겠다는 강한 목적의식이 있기 때문이다.

둘째, 나만의 시간을 확보해야 한다. 그러려면 규칙적인 생활을 해야 한다. 나는 10시 전에 취침하고 6시 전에 기상한다. 아무래도 밤이 깊어갈수록 점차 피곤해지고 TV나 인터넷, SNS의 유혹에 의지가 약해진다. 하지만 아침에 일어나면 정신이 또렷해지고, 나의 시간을 확보하고 더 집중할 수 있다.

세계적인 베스트셀러 작가인 무라카미 하루키도 새벽 4시에 일어나 5~6시간 글을 쓴다. 오후에는 10km를 뛰고 1,500m를 수영한 뒤 책을 읽고 음악을 듣다가 밤 9시에 잔다고 한다. 그는 이러한 '일상의 반복'을 아주 중요시했고 자신에게 있어서 최면과 같아서 더 깊은 내면으로 이끌어 준다고 했다.

여기서 주의해야 할 점은 아침형 인간이 되라는 것이 아니다. 사람마다 자신만의 생체 리듬이 있다. 중요한 것은 나만의 시간을 확보하는 것이다. 그 시간이 단 10분이라도 상관없다.

셋째, 일정한 시간에 맞춰서 나의 행동을 습관화시켜야 한다. 《습관의 법칙》의 저자인 찰스 두히그(Charles Duhigg)는 "우리가 하는 행동의 40퍼센트가 의사결정의 결과가 아니라 습관 때문"이라고 말했고, 미국의 심리학자 윌리엄 제임스(William James)는 "우리 삶이 일정한 형태를 띠는 한 우리 삶은 습관 덩어리일 뿐이다."라고 말했다. 따라서 자신이 관심 있어 하고 좋아하는 공부를 습관화시켜야 한다. 그렇게 하면 어느 순간 자연스럽게 혼공을 하게 되고, 하루라도 공부를 안 하면 뭔가 찜찜한 마음이 든다.

일단 작심삼일(作心三日)부터 시작하자. 실패를 반복하다 보면 3일의 성공이 7일이 되고, 21일, 66일, 100일이 되는 것이다. 나의 무의식을 의식으로 바꾸기 위해서는 결국 100일은 필요하다.

중요한 것은 얼마든지 실패해도 괜찮다는 마음가짐이다. 단, 포기하지 않아야 한다. 일단 포기를 하면 다시 시작하기 위해서 새해까지 기다려야 한다.

피아노 치는 사람을 꿈꾼다면 매일 악보의 4마디씩만이라도 연습하자. 가요곡은 보통 32마디이기 때문에 일주일만 지나면 전체 곡을 연주할 수 있게 된다. 내가 공연을 할 때마다 주위에서 어떻게 그렇게 피아노를 잘 연주할 수 있냐고 묻지만 그동안 많은 시간을 투자해서 힘들게 이룬 결과물이다.

지금, 당장, 혼공을 시작하자. 자신의 인생이 달라짐을 반드시 느낄 것이다. 일정한 시간에 맞춰서 혼공을 매일 꾸준히 한다면 어느 순간 그 결과물이 자연스럽게 나타난다. 혼공은 결코 늦지 않았다. 죽기 전에 공부 안 한 것을 후회할 때 정말 늦은 것이다. 혼공의 위대함을 믿도록 하자.

나만의 생각과 함께
1장 되짚어보기

1-1 〈자기'계'발을 하랬더니 자기'괴'발을 하고 있었구나〉

이제 힘들고 괴로운 자기괴발을 멈추고
내가 즐거운 자기계발을 할 때이다.

1-2 〈40대에 대성하는 남자배우들의 비밀〉

나의 꿈을 믿고 꾸준함과 열정을 갖고 있어야 성공할 수 있다.

1-3 〈지극히도 내가 내게 소홀했던 것들〉

이제 잠시 고삐를 당기고 나의 몸과 마음을 돌아볼 때이다.

1-4 〈변화의 흐름에 따라가는 사람만이 살아남는다〉

내가 좋아하는 공부를 찾고 그 분야의 전문가가 되도록 하자.

1-5 〈품격 있는 사람들이 여유가 넘치는 이유〉

나의 품격이 쌓이면 마음의 여유를 찾게 된다.

1-6 〈인생 독학의 즐거움을 깨달을 때 비로소 인생이 달라진다〉

매일 자신의 시간을 확보하고,
꾸준히 공부하면 인생이 달라질 것이다.

2장

지극히 짧고도 사소한 공부를 시작하라

2-1

절대 독하게 공부하면 안 된다

1986년 아시안게임의 '임춘애'선수를 기억하는가? 또는 그 이름을 들어 보았는가? 그녀는 1986년 아시안게임의 육상 경기에서 3관왕을 달성한 유일한 선수이다.

당시 까맣게 그을리고 비쩍 마른 그녀는 한국판 코리아 드림이고, 라면 먹고 자라온 육상 꿈나무로 불렸다. 마침 그 시기에 만화잡지 '보물섬'에는 〈달려라 하니〉라는 만화가 연재되고 있었다. 결손 가정의 흙수저 하니가 금수저인 나애리를 상대로 인간 승리를 이루어 나가는 이야기였다. 공교롭게도 이 만화가 연재될 때 임춘애 선수가 금메달을 땄다.

비록 임춘애 선수는 장학금을 받으면서 운동을 하는 '나애리'와 같은 엘리트 선수였지만, 자신의 인생을 바쳐가며 운동에만 전념했다는 사실에는 변함이 없다.

골프의 박세리 선수도 마찬가지다. 그녀는 담력을 키우기 위해서 밤에 아버지와 무덤에서 연습했다. 외국 사람들이 보기에는 이해가 안 되는 상황이다. 그런데 한국에서는 이것을 미덕으로 승화한다. 그녀가 큰 대회에서 흔들리지 않고 정신력이 강한 것이 이러한 무덤 연습 때문이라고 언론에서는 앞다투어 보도했다.

지금 박세리 키즈라고 불리는 선수들은 어떤가? 이들은 박세리 선수가 1998년 US 여자오픈에서 맨발 투혼으로 우승하는 모습을 보고 박세리 같은 선수가 되기 위해 골프에 입문한 1986~1988년생들이다. 최근 세계무대에서 연이은 우승 소식을 전하고 있는데, 대표주자로는 신지애, 박인비 선수 등이다. 예전보다는 조금 더 즐기면서 골프하는 모습이 느껴지지만, 무덤 훈련을 제외하고는 정말 독하게 운동을 배웠을 것이다.

운동뿐만 아니라 공부는 어떠한가? 우리 부모 세대 때는 다들 공부에 거의 목숨을 거셨다. 지긋지긋한 가난에서 벗어나기 위해서는 공부가 유일한 탈출구였기 때문이다. 나의 아버지는 고향이 전라남도 진도인데, 그곳은 거의 땅끝 마을에 위치했다. 거기에서 아버지는 소에게 풀을 뜯어 먹게 하고 나무 그늘에서 필사적으로 공부를 하셨다고 한다. 그래서 육군 사관학교에 진학하였고, 군인과 교수의 길을 평생 걸을 수 있었다.

현재 40, 50대가 중학생, 고등학생일 때는 사당오락(四當五落)이라는 말이 유행했었다. 이 말은 하루 네 시간만 잠자면서 공부하면 대학 입학에 성공하고, 다섯 시간 이상 자면 대학 입학에 실패함을 이르는 말이었다. 그 당시 학생들 사이에서는 수험생이 7, 8시간이나 잔다는 것은 말이 안 되는 것이었다. 독하게 공부하는 것이 하나의 미덕이었고, 전국에서 치러진 대입 학력고사에서 1등하는 학생은 '인간 승리'로 언론의 스포트라이트를 받았다.

이렇게 독하게 공부하고 나서 사회생활을 시작하다 보면 자연스럽게 학업과 멀어진다. 책은 쳐다보기도 싫다. 공부가 너무 싫은데 자신에게 공부를 강요하고 채찍질했기 때문이다. 어떤 학생은 자신의 몸을 의자에 묶어두고 대입 시험을 준비했다고 한다. 아이러니하게도 그 학생은 지금 연예인으로 활동한다. 대학에 입학해서 새로운 꿈을 발견한 것도 있겠지만 내가 그렇게 독하게 공부했다면 공부에 질렸을 거 같다.

이제는 평생 공부를 해야 하는 시대이다. 지겨운 공부를 왜 또 해야 하느냐고 항의할 수 있다. 하지만 삶의 질이 개선되고 의학이 발전하면서 예전보다 더 오래 살게 되었다. 남은 생애를 계속 놀면서 보낼 수는 없다. 일본에서는 저출산 고령화로 인한 인구 감소 영향으로 후계자를 구하지 못해서 어려움에 처한 중소기업이 최대 120만 개에 달한다고 한다. 현재 중소기업 경영자 중 가장 많은 연령층은 65~69세로 은퇴시기를 넘어서는 경영자가 급격히 늘어날 것 같다고 한다.

우리나라도 마찬가지다. 통계청이 발표한 2017년 출생, 사망 통계 결과에 따르면 출생아 수는 35만 7,700명으로 2016년에 비해 4만 8,500명이 줄었고, 역대 최대 감소율인 11.9%를 기록했다. 합계출산율도 1.05명으로 역대 최저치를 경신했는데, 경제협력개발기구(OECD) 국가 중 꼴찌라고 한다.

이렇게 출산율이 감소하면 일본처럼 사람이 부족한 현상이 생길 것이고, 노년층도 일해야 한다. 그렇다면 현재 하는 업무를 더 사랑하고 즐겨야 하며, 업무와 관련된 것이나 새롭게 공부하고 싶은 분야를 찾아서 시간을 투자해야 한다.

> "부산에 사는 올해 65세의 여용기 씨는 '남포동 패셔니스타'로 불린다. (중략) 그의 인스타그램은 팔로워가 4만 명이 넘는다. 남포동에 있는 양복점 '에르디토'에서 수석 재단사로 일한다. 1990년대 초반 양복점 사업을 접었던 여 씨는 2014년 3월 재단사 일을 다시 시작했다. 60대 중반에도 여 씨가 패셔니스타로 인기를 끄는 건 열린 자세와 공부 덕분이다."
>
> — *〈중앙일보〉, 2018. 2. 17. 박진호 기자*

물론 정년까지만 일하고 남은 인생은 여행을 다니거나 골프를 치면서 유유자적하면서 살고 싶을 것이다. 하지만 여용기 씨처럼 좋아하는 분야를 공부해서 전문가가 되고 후배들에게 자신의 노하우를 전수해 주며 여생을 보내는 것은 어떨까 싶다. 그것이 바로 기브(Give)의 행위이고, 이를 통해서 우리도 행복과 기쁨을 동시에 느낄 수 있다.

독일의 유명한 경영컨설턴트인 디아나 드레센은 다음과 같이 말했다. "우리의 진짜 꿈은 우리가 인생을 살아가는 동안 비로소 탄생하는 것인지도 모르겠다." 저자가 강조한 바와 같이 우리가 진짜 원하는 것은 살면서 발견하게 된다.

지금 당장 메모지나 빈 종이에 써보자. 내가 앞으로 즐기면서 할 수 있는 공부가 무엇인지 말이다. 예를 들어 역사를 좋아한다면 박물관 큐레이터가 될 수 있고, 커피를 너무 좋아한다면 바리스타가 되거나 나만의 카페를 차릴 수 있다.

이렇게 현재 업무의 연장선상 또는 새로운 분야에 대해서 꿈을 적고 그 꿈을 이루기 위한 공부가 무엇인지 생각하고 도전해 보자. 그 공부는 예전에 하던 것처럼 절대 독하게 하면 안 된다. 꼭 즐길 수 있는 공부여야 한다. 그것이 진정한 자기계발이고, 나의 품격을 완성하는 공부이다.

2-2

완전하지 못한 것들에 대한 완전한 위로

완전(完全)이라는 말은 완벽의 유의어다. '완벽(完璧)'은 사마천의 《사기》라는 역사서에서 유래가 전해진다. 조의 혜문왕이 '화씨의 벽'이라는 구슬을 갖게 되는데, 진의 소양왕이 이 소문을 듣고 욕심이 생겼다. 그래서 조에 사신을 보내 진나라의 15개의 성과 구슬을 바꾸자고 청했다. 이를 거절하지 못하고 인상여라는 식객을 진나라에 보냈는데, 진나라의 왕은 구슬만 받고 성을 줄 생각을 안 했다. 이때 인상여는 구슬에 흠이 있다고 다시 구슬을 달라고 한 다음에 진왕이 약속을 안 지키기 때문에 구슬을 부숴 버리겠다고 위협했다. 결국 진왕은 자신의 잘못을 인정하고 인상여를 구슬과 함께 정중하게 돌려보냈다. 여기에서 유래한 '완벽'은 흠이 없는 구슬이라는 뜻으로 사용되면서 완전무결의 의미로도 사용한다. 하지만 우리의 삶에서 '완전무결'이라는 것이 가능할까?

그는 위스콘신-밀워키 대학을 졸업하고, 시카고 대학 MBA를 졸업했다. 1992년에 입사하였고, 처음엔 부회장으로 시작하여 클라우드/엔터프라이즈 그룹을 이끌며 컴퓨팅 플랫폼, 클라우드 서비스에 대한 업무를 맡았다. 2014년에는 최고경영자로 임명되었다. 그는 OS(Operating System, 운영체계)에 의존했던 사업모델에서 클라우드 기업으로 성공적인 체질 개선에 성공했다는 평가를 받는다.

이 사람은 바로 마이크로소프트 회사의 CEO인 사티아 나델라(Satya Nadella)이다. 그는 자신이 누구보다 완벽하고 성공한 삶을 살고 있는 것처럼 생각했다. 하지만 아들 제인이 자궁질식으로 뇌성마비 증세를 보이자 삶을 원망하고 탄식했다. 다행히 그는 아내의 헌신적인 노력을 보면서 마음을 열기 시작했고 인생을 대하는 태도가 변했다. 이러한 열린 마음으로 그는 회사의 문화를 변화시키려고 노력했고, 고객 관점에서 서비스를 개발했다. 이 회사는 그가 취임한 후 주가가 60% 오르고 시가 총액은 5,700억 달러로 상승했다.

완벽하고 완전한 사람이란 없다. 우리가 완벽주의자로 알고 있는 스티브 잡스(Steve Jobs)는 자신이 창업한 회사에서 쫓겨났다. 잡스는 그를 쫓아낸 애플사에 복수하기 위해서 NEXT라는 회사를 설립했지만 또다시 실패했다. 영화 〈아이언맨〉의 실제 모델인 앨런 머스크(Elon Musk)도 Space X 프로젝트로 민간 로켓을 쏘았지만 번번이 실패했다. 현재 애플 CEO인 팀 쿡(Tim Cook)은 생산 관리나 업무에는 뛰어났지만 잡스처럼 말재주가 없었고, 미국의 대통령이었던 에이브러햄 링컨(Abraham Lincoln)과 영화 〈킹스 스피치〉의 주인공 조지

6세(George VI)도 말더듬이에 무대 공포증이 있었다.

이렇게 우리가 아는 수많은 위인은 결점 투성이지만, 실패를 두려워하지 않고 노력하고 도전했다. 스티브 잡스가 세운 NEXT라는 회사는 결국 망했지만 여기에서 개발한 소프트웨어는 Mac OS X(애플 컴퓨터의 운영체계)를 만드는 기초가 되었다. 앨런 머스크도 마침내 우주로 로켓을 쏘는 데 성공하고, 화성 식민지 개발이라는 프로젝트를 위해서 달리고 있다. 팀 쿡은 꾸준히 발표 연습을 해서 애플의 신제품 발표회 때마다 뛰어나 발표 실력을 선보인다. 링컨과 조지 6세도 부단한 노력으로 위대한 연설가가 되었다.

그들도 인간이기 때문에 자신이 완벽하지 않다는 점을 인정하고, 실패의 원인을 분석해서 자신만의 '성공 방정식'을 만들었다.

우리는 어떠한가? 완벽한 몸매와 외모, 지성을 가지려고 노력한다. 건강 보조제를 먹으면서 러닝머신 위에서 뛰고 자기계발을 위해서 열심히 공부한다. 때로는 완벽이라는 높은 벽 앞에 좌절하고 움츠러들기도 한다.

나도 완벽해지고 싶어서 괴로운 자기계발을 오랫동안 했다. 완벽해지면 왠지 멋지고 인생이 행복하리라 생각했다. 하지만 그 기쁨은 오래가지 않고 사라졌다. '완벽의 늪'에 빠진 삶이 나를 불행하게 만든 것이다.

시한부 인생을 살다가 세상을 떠난 호주의 20대 여성이 세상의 모든 이에게 남긴 편지가 화제다. "제가 지금 바라는 건 가족과 함께 생일이나 크리스마스를 한 번 더 보내는 거예요. 혹은 내 연인이나 반려견과 하루를 더 보내는 거죠. 그저 하루만 더요. 그리고 부정적인 생각이나 불평이 들 때마다 사소한 일에 감사하세요. 숨 쉬는 것이 얼마나 큰 행운인지, 일하고 운동할 수 있다는 것이 얼마나 감사한 일인지도요. 모든 것이 '잃기 전'에는 당연하게 여겼던 행복입니다."

— 〈국민일보〉, 호주 브리즈번, 홀리 버처

이렇게 우리에게 '당연한' 인생은 다른 누군가에게는 완벽하고 소중한 인생이다. 머리가 지끈지끈하고 아플 때, 한 번쯤 하늘이나 밖을 바라보자.

앞으로 5년 후, 10년 후, 20년 후, 100년 후 이 세상은 어떻게 될까? 이 드넓은 우주에 비하면 우리가 고민하는 것들이 얼마나 하찮은 것인가? 이런 생각을 하면 지금 하는 일에 있어서 작은 실수들은 자연스럽게 받아들이게 된다.

재즈 뮤지션의 세계를 다룬 영화 〈위플래쉬〉의 셰이퍼 음악학교 플래처 교수는 제자 앤드류에게 위플래쉬(채찍질)를 가하면서 그가 완벽한 드러머가 되기를 원한다. 교수는 세상에서 제일 쓸모없고 가치 없는 말이 "그만하면 잘했어(Good Job)."라고 완벽주의를 강조했다. 하지만 나는 'Good Job'이라는 말이 세상에서 제일 중요한 말이라고 생각한다. 충분히 노력을 했다면 그 말을 받을만한 자격이 있다.

나는 글쓰기를 통해서 나의 영혼을 바라보게 되었고, 완벽하기 위해서 그동안 억지로 채웠던 내용물들을 조금씩 버리기 시작했다. 그러자 나의 무의식 속 깊은 곳에 자리 잡은 불완전한 영혼이 보였다. '완벽한 구슬'이 없듯이 '완벽한 인생'은 처음부터 존재하지 않는다. 당신은 이미 아름답다. 마지막으로 다음 문장을 거꾸로 읽어보자.

"I am very ugly. So don't try to convince me that I am a very beautiful person."

"저는 매우 못난 사람입니다. 그래서 제가 매우 아름다운 사람이라고 설득시키지 마세요."

"I am a very beautiful person. So don't try to convince me that I am very ugly."

"저는 매우 아름다운 사람입니다. 그래서 제가 매우 못생겼다고 설득시키지 마세요."

2-3

시간이 부족한 것이 아니다

앨런 머스크는 실리콘 밸리에서도 가장 바쁜 사업가 중 한 명이다. 전기차 업체 테슬라, 우주개발업체 Space X, 태양광 업체 솔라시티를 경영하고 있고, 지하터널을 달리는 초고속 진공 열차 하이퍼 루프 사업도 진행 중이다. 게다가 그는 다섯 자녀의 아버지이다. 또한 여자 친구와도 연애해야 한다. 그는 어떻게 이 많은 일을 해낼 수 있을까?

우리는 입버릇처럼 '시간이 없다'라고 한다. 그러나 시간을 만드는 것은 다른 사람들이 아닌 우리다. 우리가 아무리 바쁘다고 하더라도 '투자의 귀재'라고 불리는 워런 버핏보다 바쁘겠는가?

워런 버핏은 엄청난 부를 축적했기 때문에 평생 동안 일을 안 하고 놀아도 그 돈을 다 쓸 수 없다. 하지만 그는 절대 게으름피우지 않고 바쁘게 산다. 매일 규칙적인 생활을 반복하고 바쁜 와중에도 아침마다 신문을 읽는 것으로 하루를 시작한다. 각종 투자 정보 편지나 추천서 등이 날아들지만 무조건 하루 1시간 신문을 읽고 사색한다.

우리는 어떠한가? 회사에 출근하면 습관적으로 컴퓨터를 켜고 이메일을 읽기 시작한다. 조금 지나면 전화벨이 울리거나 메신저가 온다. 그중에 상당수는 당장 처리 안 해도 되는 업무들이다. 그런데 이러한 전화나 메신저에 대응하기 위해서 생체리듬이 가장 활발한 아침 시간을 낭비한다. 그러다 보니 업무는 자꾸 쌓이고 마음은 바빠지기만 한다.

조슈아 와츠킨은 1993년, 94년 세계 체스 주니어 챔피언이었다가 하루 1시간의 태극권 수련으로 2004년에는 태극권 세계 챔피언이 됐다. 그는 이렇게 말했다. "어느 날 내 삶 곳곳에 느슨하게 흘러가는 시간이 많다는 사실을 알게 됐다. 이 시간을 조금이라도 효과적으로 쓸 수 있는 것이 없을지 고민하다가 5시간의 법칙을 알게 됐다. 태극권 수련에 도전했고 규칙적인 수련으로 좋은 성과를 거둘 수 있었다." 그는 하루 1시간씩 태극권을 수련하면서 어느 순간 고수의 경지에 이른 것이다.

나도 어떻게 하면 하루를 알차게 보낼 수 있을지 고민한다. 그래서 오전 5시 반에 기상해서 출근 전까지 나만의 시간을 확보하고, 밤 10시에는 아이들과 함께 취침하려고 노력한다. 규칙적인 생활 덕분에 몸이 건강해지니 당연히 더욱더 높은 집중력을 발휘할 수 있고,

업무의 효율성은 올라간다.

〈포브스〉의 경영전략 칼럼니스트인 이안 추는 부스러기 시간의 중요성을 강조하며 다음과 같이 말했다.

"본업이 바쁜 현대인들은 뭔가 배우고 얻기 위해 시간을 따로 내기란 쉽지 않다. 하지만 따져보면 흘려보내는 시간만 잘 모아도 하루 1시간을 확보할 수 있다. 이런 부스러기 시간을 꾸준히 주워 모아 내게 꼭 필요한 일을 배우고 실천한다면 우리는 엄청난 일을 해낼 수 있다."

현대인들은 너무나 바쁘다. 하지만 바쁜 와중에도 버리는 시간은 많다. 그래서 자투리 시간을 모아야 한다. 남는 시간을 스마트폰을 보면서 인생에 별로 도움이 안 되는 가십성 기사를 읽고 허비하기보다는 내가 좋아하는 것을 찾아서 공부하자.

나중에 나이가 더 들고 시간은 넘치는데 이를 제대로 활용할 줄 모른다면 인생이 너무 지루하고 의미가 없을 것이다. 퇴직한 직장 선배의 얘기를 들어보면 첫 3개월간은 친구들 만나고 여행 가면서 즐겁지만 그다음부터는 할 일이 없고 노는 것도 지겨워진다고 한다. 따라서 시간을 효율적으로 활용하고 관리해야 한다.

어떻게 하면 시간을 효율적으로 활용할 수 있을까?

첫째, 앨런 머스크가 시간을 관리할 때 사용하는 방법처럼 나의 업무를 종류에 따라서 시간대별로 분류해 보자. 나는 출근하면 우선

해야 할 업무를 적고 중요도와 긴급성에 따라서 순위를 매긴다. 오전에는 집중하거나 결정이 필요한 업무를 주로 하고, 오후에는 회의나 대화를 통해서 뇌를 쉬게 하는 시간을 갖는다.

둘째, 집중이 잘되는 시간을 알아야 한다. 적어도 그 시간에는 창의적이거나 생산적인 일을 하는 것이 적합하다. 그렇다고 아침형 인간이 되기 위해서 새벽에 일어나라는 것은 아니다. 자신의 신체 리듬에 맞춰서 시간을 잘 활용해야 한다. 점심에 낮잠을 자고 나서 집중이 잘 된다면 그때 중요한 업무를 하면 된다.

셋째, 자투리 시간을 잘 활용해야 한다. 한 번에 다 끝내려고 한다면 애초에 시작할 엄두가 나지 않는다. 예를 들어 나에게 5분이라는 자투리 시간이 있을 때, 보고서 한 줄을 쓰거나 책 반 페이지를 읽을 수 있다.

저명한 물리학자인 알베르트 아인슈타인(Albert Einstein)은 시간의 상대성을 다음과 같이 역설했다.

"아름다운 여자의 마음에 들려고 노력할 때는 1시간이 마치 1초처럼 흘러간다. 그러나 뜨거운 난로 위에 앉아 있을 때는 1초가 마치 1시간처럼 느껴진다. 그것이 바로 상대성이다."

이러한 시간의 상대성 원리에 따라 나는 틈틈이 시간을 내고 내가 좋아하는 공부에 집중한다. 아침의 자투리 시간은 나에게 있어서 '신성한 시간'이다. 이 시간을 활용해서 재즈 피아노, 작곡, 골프, 외국어 공부, 글쓰기를 한다. 물론 이 모든 것을 다 할 수 없기 때문에 중요도에 따라서 우선순위를 나눈다. 재미있는 점은 사회 초년생 시절 시간이 많을 때는 시간을 의미 없이 보냈지만, 지금은 절대적인 시간이 부족하지만 시간을 상대적으로 잘 활용하고 있다.

지금부터라도 자투리 시간을 잘 활용하자. 아무리 사소한 것을 해도 상관없다. 그 시간을 우선순위에 따라서 잘 활용하고 집중한다면 나에게 더 큰 가치가 되어서 돌아온다. 내가 알차게 활용한 10분은 1시간 이상의 값어치가 있다. 내가 투자한 시간과 노력은 결코 나를 배신하지 않는다. 시간은 절대 부족하지 않다.

2-4

결국 성공하는 사람들의 지극히 짧고도 사소한 차이

내가 대학 시절 뮤지션이 되기 위해서 휴학했을 때 같이 음악을 공부했던 고등학교 후배가 있다. 그 당시 유명한 작곡가로 성공하기를 꿈꾸던 무리 중의 한 명이었다. 결국 나는 힘든 음악의 길을 포기하고 회사에 입사했지만 그는 꾸준히 음악 활동을 했다. 그도 처음에 일감이 없어서 막막했다고 한다. 하지만 계속 꾸준히 곡을 만들었고, 그 곡이 우연한 기회에 일본 가수 쿠라키 마이의 〈Beautiful〉이라는 곡으로 발매되어 일본의 대표적인 음악차트인 오리콘 차트에서 1위를 기록했다. 그리고 마침내 국내 그룹 M.C. The MAX의 〈어디에도〉라는 불멸의 히트곡을 탄생시켰다. 그는 작곡가 송양하이고, 그의 성공 스토리는 현재도 진행 중이다.

그가 음악가로서 성공한 반면, 내가 성공하지 못한 이유가 무엇일까?

세계적 곡물회사 밥스레드밀(Bob's Red Mill)의 CEO인 밥 무어(Bob Moore)는 2010년 81세 생일에 깜짝 선물로 자신의 지분 전체를 209명의 직원에게 전부 나눠주면서 100% 종업원 지주제를 선언하였다. 전에 공장에서 불이나 빈털터리가 된 적이 있는데 직원들이 그를 떠나지 않고 다시 공장을 세운 것에 대한 감사의 표시였다. 이후 그는 회사를 다시 일으켜 세우고, 매각 제안도 여러 번 받았으나 번번이 거절했다고 한다. 이유는 본인이 은퇴해도 회사가 남아 있고 직원들이 계속 일을 할 수 있기를 원했기 때문이다. 그는 회사의 마스코트 같은 존재이다.

성공한 사람과 그렇지 못한 사람의 차이는 무엇일까?

보통 성공한 사람은 일에 대한 몰입, 시간 관리, 열정, 불굴의 의지, 성공에 대한 믿음, 실행력, 긍정적인 마인드, 좋은 인간관계 등을 갖췄다고 한다.

반면 성공하지 못한 사람은 그 반대의 경우라고 보통 이야기한다. 하지만 성공의 원인에는 더욱 근본적인 이유가 있다.

'가왕' 조용필의 인터뷰를 들어보면 그 해답을 찾을 수 있다.

> "음악을 잘하고 싶었고, 못해서 화가 났고, 그래서 더 열심히 했죠. 그게 다예요. 내 인생은 40주년이든 50주년이든 어려운 건 똑같아요. 매번 다른 산에 오르는 것과 같아요. (중략) 쉬운 적은 한 번도 없어요. 내 노래에 사람들이 환호하면 행복하고요. 나는 그 순간을 위해 살았던 것 같아요."
>
> *— 〈조선닷컴〉, 2018. 4. 25, 송혜진 기자*

성공하는 사람과 그렇지 못한 사람의 짧고도 사소한 차이는 바로 나 자신과 상대방에 대한 사랑에서 나온다. 가수 조용필은 자신을 사랑했기 때문에 음악을 더욱 열심히 해서 높은 경지에 올랐고, 팬들을 사랑했기 때문에 그들의 환호와 사랑을 먹고 살았다. 자신과 타인에 대한 사랑이 바탕이 되었기 때문에 그는 50년간 꾸준히 노력하고 '가왕'의 길로 들어선 것이다.

우리는 어떠한가? 쳇바퀴 돌듯이 살면서 성공은 감히 생각조차 못 하고 있다. 지금 하는 업무에 대해서 대다수는 생계수단 정도로 생각하고 있고, 남들이 하니까 나도 낙오되지 않기 위해서 그냥 하고 있다. 자신이나 남을 사랑하기는커녕 자신의 신세를 한탄하고, 주어진 환경, 주위 사람들에 대한 불만으로 가득 차 있다.

반면 성공한 사람들은 나를 사랑하고, 남을 사랑한다. 나를 사랑하기 때문에 나에게 도움이 되거나 자양분이 되는 행동을 한다. 자신의 건강을 관리하는 것은 물론이고 바쁜 시간을 쪼개서라도 독서를 한다. 마이크로소프트의 창업자인 빌 게이츠는 "오늘의 나를 있게 한 것은 매일 조금씩이라도 독서를 한 습관이다. 내게 하버드 졸업장보다 소중한 것이 바로 이 독서습관이다."라고 말했다.

비단 독서뿐만 아니라, 내가 만족하고 좋아하는 자기계발을 위해서 시간을 투자하는 것은 나를 사랑하는 행위이다. 그것이 발전한다면 남을 위한 행위로도 승화된다. 즉, 내가 배운 지식이나 기술 등을 남에게 '기브(Give)'할 수 있다.

앞서 언급한 송양하 작곡가가 성공한 것도 자신의 음악을 진정으로 사랑하고 그 사랑을 상대방에게 전달하고 싶은 마음이 있었기 때문이다. 그래서 지겨울 수도 있는 습작을 수없이 반복했다. 그 결과 청취자들도 그의 곡을 진솔하게 느끼고 즐기면서 공감한다.

반면, 나는 음악을 만들어서 유명해지고 싶은 욕구가 더 컸다. 당연히 내 음악은 전하고자 하는 메시지가 약했고, 그처럼 음악에 대한 끊임없는 열정을 발휘하지 못한 것이다.

밥 무어 회장도 자신과 남들을 사랑하기 때문에 직원들과 가족들, 관광객, 소비자들에게 사랑을 나누어주고 성공한 기업가가 되었다.

사랑의 방법은 아주 다양하다. 자선이나 봉사 활동이 대표적일 수 있다. 내가 할 수 있는 것으로는 내가 좋아하는 공부를 하는 것이 사랑을 실천하는 방법 중의 하나라고 믿고, 그 공부가 다른 사람들의 삶에 영향을 주면 더욱 좋은 것이다.

예를 들어 운동하거나 일할 때 자세가 잘못된 선·후배들에게 바른 자세를 갖도록 도와주고, 중국어를 공부하면서 배운 노하우를 다른 후배들에게 전달해 준다. 음악을 배우고 싶은 후배들에게 좋은 학원을 추천해 준다든지, 재즈에 문외한인 분들에게 좋은 재즈 앨범을 추천해 줄 수 있다.

아이돌 그룹 '방탄소년단(BTS)'이 세계 최고의 보이 그룹이 된 것은 자신의 음악에 대한 사랑뿐만 아니라 팬들과의 소통에서 강한 '애정'을 보였기 때문이다. 그들은 미국에서 빌보드 시상식이 끝나고 세계적인 스타들과 애프터 파티가 예정돼 있었지만 SNS를 통한 팬들과의 소통이 더 중요하다고 해서 그 자리에 불참했다고 한다. 자신의 음악을 사랑해 주는 팬들의 성원에 보답하기 위함이다.

그들이 만약 부와 명예만을 위해서 음악을 했다면 이 만큼의 성공을 이루지 못했을 것이다. 음악에 대한 열정, 사랑이 그들을 더욱더 단단하게 만드는 이유다.

나와 남을 사랑하는 마음가짐이 있는 것과 없는 것은 큰 차이가 있다. 외국어를 공부하면서 그 목적이 단순히 점수를 올리는 것이 아니라 상대방과 소통하고 도움을 주는 행위라고 생각하면 즐겁게 공부할 수 있는 강한 동기가 된다. 꽃꽂이하면서 나도 행복하지만 아름다운 꽃을 보고 행복해할 사람들을 상상한다면 그 결과물이 다를 것이다.

이러한 나와 상대방에 대한 '사랑'의 마음가짐이 결국 성공하는 사람과 아닌 사람의 지극히 짧고도 사소한 차이인 것이다.

2-5

열등감은 품격 있는 삶의 가장 큰 적

영화 〈괜찮아요, 미스터 브래드〉에서 주인공 브래드(배우 벤 스틸러)는 비영리 단체를 운영하고 있고, 대학입시를 앞둔 자녀를 둔 평범한 중산층의 가장이다. 그런데 그의 대학 시절 친했던 동창들은 잘나간다. 백악관에서 근무한 유명한 작가, 펀드 회사 사장, 은퇴한 부자로서 각자 인생을 즐기고 있다. SNS상에서 동창들의 모습과 자신의 평범한 삶을 비교하면서 그는 열등감에 휩싸인다. 그는 계속 열등감을 갖고 우울하게 살 것인가?

요새 카페인 중독이라는 말이 유행이다. 카페인 중독은 커피가 아니라 카카오, 페이스북, 인스타그램에 중독된 상태를 말한다.

영국 일간지 〈인디펜던트〉는 페이스북, 스냅챗 같은 소셜 미디어로 정서적 불안정을 겪는 어린이가 늘어나고 있다고 보도했다. 스마트폰이 없거나 SNS를 하지 않았을 때는 옆집 엄친아 정도로 끝나던 비교가 이제는 전 세계적으로 영역이 확대되었다. 이러한 스트레스로 인해서 많은 사람이 카페인 중독을 끊으려고 한다. 하지만 커피를 끊지 못하는 것처럼 카카오, 페이스북, 인스타그램을 끊지 못한다.

케이블 채널 M.net에서 방영한 〈고등래퍼〉의 이병재가 화재였다. 그가 부른 〈그대들은 어떤 기분이신가요〉라는 곡은 서울대를 다니는 누나와 고등학교 자퇴생인 자신을 비교하여 담담하게 풀어쓴 이야기이다. 그의 얘기에 대해서 많은 이들이 공감을 표시했다.

> "엄마 아들은 자퇴생인데 옆방에 서울대 누나는 나를 보면 어떤 기분이신가요. 동생이 못나 보이고 아들이 못나 보이고 어디서 얘기 꺼내기도 쪽팔리신가요. 자퇴하지 않고 견딘 친구가 전교 몇 등을 했단 얘기 들은 엄만 어떤 기분이신가요. 애매한 표정으로 제게 그 얘기를 했던 엄마는 그때 속으로 무슨 생각을 하셨나요. (중략) 그대들은 어떤 기분이신가요."
>
> *— 이병재, 〈그대들은 어떤 기분이신가요〉 가사 중에서*

우리는 비교를 통해서 끊임없이 열등감에 시달리며 살고 있고, 이는 우울증으로도 발전한다. 건강보험심사평가원의 분석에 따르면 2012년 대비 2016년에 20대 우울증 환자가 22% 증가했다고 한다. 20대는 의무적으로 해야 하는 취업이 미루어지면서 더욱 강박관념으로 작용하고 있다.

30대나 40대의 우울증도 만만치 않다. 비록 회사에 입사하더라도 동료들과 끊임없이 비교되고 경쟁을 해야 한다. 이미 학창 시절부터 시작한 비교의 굴레에서 벗어나지 못한다.

열등감과 비교에 대해서 연구한 대표적인 사람은 알프레드 아들러(Alfred Adler)라는 의사인데, 그는 인간의 열등감에 대해 많은 연구를 했다. 그 자신이 어린 시절 열등감에 시달렸기 때문이기도 하다. 그는 구루병과 폐렴을 앓았고 키도 작고 외모도 볼품없었다고 한다. 또한 형과 동생에게 끊임없이 비교당하고 부모의 사랑도 받지 못했다. 그래서 열등감을 극복하는 용기에 더욱 주목한 심리학자였다. 그의 연구 결과가 공전의 히트를 친《미움 받을 용기》라는 책의 근간이 되었다.

열등감의 대표주자는 안토니오 살리에르(Antonio Salieri)다. 살리에르 증후군이라는 말이 있을 정도다. 〈아마데우스〉라는 영화에서 궁중 음악가로서 이름을 알리고 당시에 스타 작곡가, 지휘자였지만 천재적인 음악가인 모차르트와 자신을 비교하면서 열등감에 시달리는 것처럼 나온다.

하지만 사실 살리에르는 오스트리아 빈에서 유명한 작곡가로서 작품이 약 40곡에 이르고 오페라, 발레음악, 교회음악 등 다양하다. 심지어 베토벤이 그를 위하여 피아노와 바이올린을 위한 3곡의 소나타를 바쳤다는 이야기도 알려지지 않은 사실이다.

소설《삼국지연의》의 제갈공명, 주유, 사마의 등의 관계도 그렇다. 그들 모두 제갈공명의 천재적인 병법 능력을 부러워하고 열등감을 느끼는 것처럼 보이지만 역사적인 사실이 아니다.

제갈공명은 관리형 인재였고 소설에서 묘사한 것처럼 천재적인 병법가는 아니었다. 만약 그가 특출난 병법가였다면 촉나라가 삼국을 진작 통일했을 것이다.

그렇다면 우리는 어떻게 열등감을 극복할 수 있을까?

먼저, 있는 그대로 자신을 받아들이고 열등감을 자신을 발전시킬 수 있는 원동력으로 만들어야 한다. 알프레드 아들러도 결국 인간의 행동과 발달을 결정하는 것은 인간의 열등감을 보상하거나 극복하기 위한 의지라고 했다.

내가 외국어에 열등감이 있다면 외국어를 공부하면 된다. 몸매에 열등감이 있다면 내 몸 관리를 하면 된다. 위대한 작곡가인 베토벤은 30대 중반부터 청력에 문제가 있었지만 이를 극복하여 주옥같은 작품을 남겼고, 《오디세이아》와 《일리아드》라는 명작을 남긴 호메로스는 장님이었다.

둘째, 나의 삶과 그들의 삶을 분리해서 생각해야 하고, 우상화하면 안 된다. 우리가 생각하기에 우월하다고 생각하는 사람들의 이면은 그렇지 않은 경우가 많다. 영화 《괜찮아요, 미스터 브래드》에서도 브래드는 겉보기에 화려했던 동창들의 이면을 보고 그들만의 고충을 알게 된다.

셋째, SNS가 부담된다면 끊으면 된다. 남들이 어떻게 생각하든지,

그들이 어떻든지 상관할 필요는 없다. 카페인 중독이 끊기 쉽지는 않겠지만 다른 즐거운 일을 찾아서 그것으로 대체하면 된다.

나도 열등감이 많은 편이었다. 대학교 시절 전공과목을 못 한다는 열등감을 극복하려고 음악을 공부했고 외국어 공부에도 더욱 매진했다. 사실 전공과목이 내 적성에 맞지 않는 것이었다. 나를 억지로 거기에 맞추려다 보니 괜한 열등감이 생겼다.

내가 좋아하는 공부를 하면 내 자신의 참모습을 알게 된다. 그림을 그리면 나의 영혼이 현재 어떤 상태인지 알게 된다. 사진을 찍으면 나의 마음이 피사체에 투영된다. 이렇게 다양한 공부를 하다 보면 열등감을 느끼기보다는 내가 더욱더 사랑스럽고 소중하게 느껴진다.

나는 브래드 피트처럼 잘 생기진 않았지만 브래드 피트도 나와 같은 사람이 될 순 없다. 이 세상에서 나는 단 한 명뿐임을 명심하자.

지금 내 심장에 손을 올리고 얘기하자.

"나의 심장아, 고생했어. 너를 사랑해."

2-6

때로는 강한 신념이 가장 큰 단점이 된다

영화 〈핵소 고지〉는 절대로 무기를 들지 않겠다는 병사가 남들을 구하겠다는 신념으로 제2차 세계대전에 참전하는 실화를 다루었다. 그는 가정 폭력을 일삼는 아버지를 총으로 쏴 죽일 뻔한 사건을 계기로 총을 드는 것에 거부감을 가진다. 끝내 군사 재판까지 회부되지만 그의 신념이 승리해서 전쟁터에 총 없이 참전한다. 이 병사는 75명의 부상병을 구한 의무병 데스몬드 도스(Desmond Doss)이다.

위대한 사람들은 모두 강한 신념을 갖고 있다. 이 신념을 토대로 성공을 이루었다. 노예를 해방한 링컨, 영국과 세계 평화를 지켜낸 처칠, 소비자의 행복을 위해서 매번 깜짝 제품을 소개한 스티브 잡스, 화성 식민지 개발로 인류를 구하겠다는 앨런 머스크 등 수없이 많다. 하지만 강한 신념은 '동전의 양면'과도 같다. 왜 그럴까?

미국의 국민 기업인 GE(General Electric) 회사는 설립연도가 1878년도로 발명가 토마스 에디슨(Thomas Edison)이 설립한 전기 조명 회사를 모태로 한다. GE의 매출은 2000년 127억 달러이고, 시가총액도 4,000억 달러로 크게 뛰었다. 하지만 잭 웰치를 비롯한 CEO들의 잘못된 판단으로 주가가 폭락하면서 몰락의 길을 걸어야 했다.

전문가들은 이러한 실패의 이유가 잘못된 경영방식도 문제였지만 중간 매니저들의 교육과정에서 "모든 문제는 매니징할 수 있다."라고 지나치게 자신감을 불러일으킨 것도 원인 중의 하나라고 지적하였다. 지나친 자신감이 오히려 문제해결의 기회를 놓치게 만들었다. 플래너리 신임 CEO는 "이제 GE 내에 안 되는 것을 되게 하는 마법사는 없다."고 말했다.

지나치게 강한 신념이나 자신감은 문제가 된다. 이것이 왜곡된 상태로 나타나면 정신분석학에서 얘기하는 '나르시시즘(Narcissism)'이 된다. 즉, 자기애가 너무 심하게 나타나서 남이 아닌 모든 관심이 오직 자신한테 쏠린다.

〈워싱턴포스트〉에 따르면 자녀를 키울 때 '너는 남들보다 훨씬 우월해'라고 주문처럼 말하면 나르시시스트로 성장할 수 있다고 한다. 이 아이들은 부모의 과대평가를 그대로 받아들여서 결국 나만 사랑하는 이기적인 사람으로 자라게 된다. 나르시시즘은 전 세계의 평화를 위협할 수도 있다.

독일의 나치즘이 그것이다. 그들은 자신들의 신념이 정의라고 여겼다. 히틀러는 독일 민족의 구원자가 되겠다는 환상으로 많은 지지

자를 끌어 모았다. 이러한 극단적인 인종주의는 홀로코스트라는 참상을 빚어냈다. 이로 인해서 무려 600만 명의 유대인이 희생되었다.

나의 지나치게 강한 신념은 나뿐만 아니라 크게는 전 세계의 파멸로도 이끌 수 있다. 과장되었다고 생각하는가? 인류의 수많은 재앙과 인재는 이러한 자신의 신념에 대한 착각에서 비롯한 경우가 다반사다.

강한 신념은 동전의 양면과 같다. 열등감을 승화하면 자신감으로 키울 수 있지만 자신의 신념이 지나치면 자만 또는 나르시스트가 된다.

그러면, 강한 신념을 긍정적으로 키우려면 어떻게 해야 할까?

먼저 나를 좀 더 객관화해서 바라보는 연습이 중요하다. 제일 쉬운 방법은 남에게 자신을 평가해 달라고 하면 된다. 하지만 이는 현실상 어렵다. 《국부론》으로 유명한 경제학자 애덤 스미스(Adam Smith)는 《도덕감정론》이라는 책에서 다음과 같이 말했다. "스스로 부정한 사람임을 인정하는 건 매우 불쾌한 일이기 때문에 우리는 종종 현실을 직시하지 않고 외면하려 한다." 이렇게 남을 통해서 나를 바라보는 것은 받아들이기 힘들다.

따라서 더 좋은 방법은 독서나 공부, 글쓰기를 통해서다. 좋은 책을 읽고 공부하다 보면, 내 모습을 온전히 바라볼 수 있다. 글쓰기를 통해서 나의 생각을 글로 표현해 볼 수 있다. 이렇게 나를 객관적으로 바라보면 나를 있는 그대로 거울에 비춰보게 된다.

다음은 자신에 대한 '질문'이 필요하다. 내가 추구하는 '목표'와 '신념'이 무엇인지 끊임없이 질문해야 한다.

디바의 원조격인 가수 이선희는 한 매체와의 인터뷰에서 롱런하는 비결에 대해서 "긴장을 놓지 않고 살았다."라고 말했다. 그녀는 팬들의 사랑에 보답해야 한다는 신념이 있었고, 어떻게 하면 오랫동안 활동하는 가수가 될지 고민했기 때문에 여전히 최고의 디바로 남아 있는 것이다. 만약 그녀가 자신의 명성에 취해서 더 이상 자신에게 질문하기를 멈췄다면 어떻게 되었을까?

나에게도 소박한 신념이 있다. 그것은 내가 좋아하는 것을 공부하고 그 분야의 메신저가 되어서 남들에게 도움을 주는 것이다. 그러기 위해서 지금도 공부를 하고 있다. 외국어 공부도 그중의 하나이다. 나중에 내가 깨닫고 배운 것을 더 많은 사람과 나누기 위해서 외국어 공부가 필요하다고 생각하기 때문이다. 물론 직장 생활에 쫓기다 보면, 정신적인 여유가 없기 마련이다. 하지만 나의 '신념'은 나의 꿈을 잃지 않게 해 주는 등불과 같은 존재이다.

내 영어 이름은 '조나단'을 줄인 나단이다. 내가 힘들 때 가장 감명 깊게 읽었던 책이《갈매기의 꿈》이었고, 주인공 갈매기의 이름이 '조나단 리빙스턴'이라서 나단이라는 이름을 사용한다. 내 첫 앨범의 타이틀도 〈조나단의 꿈〉이다. 조나단은 단지 먹이를 구하기 위해서 비행하는 갈매기들과는 달리 비행 자체를 사랑했다. 주위의 갈매기들은 그를 이해하지 못했지만, 그는 끊임없이 노력한 끝에 같은 신념을 가진 갈매기들을 만나게 된다.

갈매기 조나단처럼 자신의 신념을 갖고 꿈을 이루기 위해서는 글을 쓰거나 내 자신에게 끊임없이 질문을 해서 참된 내가 누구인지 알아야 한다. 단순히 스펙을 쌓기 위한 자기계발이 아니라 내가 좋아하고 품격을 쌓는 공부를 해야 한다. 전문적인 지식이나 외국어, 기술뿐만 아니라, 나의 건강, 마음, 돈, 시간, 인간관계, 취미 생활 등 공부의 분야는 다양하다.

이제 나의 신념이 담긴 힘찬 날갯짓을 해 보자. 단, 내가 어떤 사람인지 모르고 나에게만 사랑이 빠진 강한 신념은 '나르시시즘(자기애)'이 될 수 있다는 점도 명심하자.

나만의 생각과 함께
2장 되짚어보기

2-1 〈절대 독하게 공부하면 안 된다〉

앞으로의 인생을 준비하기 위한
나만의 즐거운 자기계발 공부를 찾자.

2-2 〈완전하지 못한 것들에 대한 완전한 위로〉

실수를 두려워하지 말고 지금 완전하지 못함을 인정하자.

2-3 〈시간이 부족한 것이 아니다〉

나의 자투리 시간을 저축하고 좋아하는 것을 하는 데 활용하자.

2-4 〈결국 성공하는 사람들의 지극히 짧고도 사소한 차이〉

나와 남에 대한 사랑이 있어야 진정한 성공을 이룰 수 있다.

2-5 〈열등감은 품격 있는 삶의 가장 큰 적〉

이 세상에서 단 한 명뿐인 나를 아끼고 사랑하자.

2-6 〈때로는 강한 신념이 가장 큰 단점이 된다〉

나를 온전히 바라보고 질문하면서
나만의 신념을 찾아야 한다.

3장

인간관계를 공부하다: 사람들이 당신의 격을 받아들일 수 있는 '인간관계능력' 구축법

3-1

여전히 사람이 어려운 나와 당신에게

"나는 참치다. 참치 않으면 백수 되기 때문이다. 빡쳐도 참치, 카드값 땜에 참치, 퇴사 욕구 참치"

— 〈직장 내일〉, 나는 동물이다 중에서

직장인을 동물에 비유한 재미난 표현이지만 마냥 웃을 수만은 없는 얘기이다. 사회생활 중에서 제일 어려운 부분이 인간관계이다. 취업포털 사이트 사람인의 2015년 조사에 따르면 우리나라 직장인의 하루 평균 근무시간은 11시간이다. 취침 시간보다 훨씬 더 많은 시간을 회사에서 보낸다.

예전에 야근이 한창일 때는 "집에 다녀오겠습니다."라고 농담을 했다. 지금은 예전보다 근무시간이 줄었지만 오랜 시간을 회사에서 보내면 아무래도 스트레스를 받을 수밖에 없다. 그래서 회사원 10명 중 5명이 스트레스의 가장 큰 원인으로 '사람'을 꼽고 있다.

이는 우리나라에만 국한된 것이 아니다. 왕따의 원조인 이지메(따돌림)가 시작된 일본에서도 사람 간의 관계로 스트레스를 많이 받는다. 일본의 회사 근처 공원에는 점심시간에 혼자 도시락을 가져와 식사를 즐기는 사람이 많다. 또한 일본의 이자카야 술집에 가면 혼자서 술을 즐기는 일명 혼술러들도 많다.

단골집 이자카야에 갔을 때 한 일본인 여자 손님이 자신의 생일을 혼자 기념하고 있었다. 그녀의 입장에서는 친구나 회사 동료보다 바텐더나 모르는 사람들에게 축하를 받는 게 마음이 더 편했던 것 같다. 미국은 인간관계에서 문제가 발생하면 그 결과가 더욱 심각하다. 총기가 허용되기 때문에 이를 죽음으로 복수하는 경우도 생기기 때문이다.

런던 정경대의 진화심리학자 가나자와 사토시(Satoshi Kanazawa) 교수와 싱가포르 경영대의 노먼 리(Norman Lee) 교수가 성인 15,000명을 대상으로 한 연구에 따르면 인구밀도가 높은 환경일수록 삶의 만족도가 떨어졌다고 한다.

가나자와 교수는 '사바나 원칙'을 처음으로 제기하였다. 인간의 두뇌는 아프리카 사바나(열대 초원)에 살았던 우리 선조들의 환경에 최적화되어 진화했기 때문에 현대 사회에서는 부조화가 일어난다고 한다. 사바나의 인구밀도는 $1km^2$당 1명 이하이다. 이런 환경에 맞추어 진화한 뇌는 $1km^2$당 28,000명인 뉴욕의 맨해튼에서 사는 것을 힘들어한다는 것이다.

그러면 인간관계가 어려운 우리는 어떻게 해야 할까?

앞서 언급한 가나자와 교수의 연구에는 또 다른 결과가 있다. 똑똑한 사람은 인구밀도가 행복에 미치는 영향이 훨씬 적었다고 한다. 따라서 이들은 복잡한 지역에 살아도 크게 개의치 않은 반면, 친구들과 너무 자주 어울리면 오히려 삶의 만족도가 떨어졌다고 한다. 이들은 다른 무리와 접촉을 통해서 생존을 유지한 일반적인 선조들과 다르게 새로운 문제를 혼자 빨리 해결해서 진화론적으로 다르게 성격이 형성되었다.

그러므로 자신의 성격이 사회적이지 않더라도 너무 좌절할 필요는 없다. 어차피 인간은 외로운 존재이다. 인간이 모여서 사회를 이루고 산 역사보다 혼자 또는 소수의 무리와 자연 속에서 살아온 세월이 훨씬 길다. 나 자신의 모습을 있는 그대로 받아들여야 한다. 내가 싫어하는 사람들을 억지로 좋아할 필요는 없다. 인간관계에 문제가 생겨도 남이 아닌 내 탓이라고 생각할 필요도 없다. 이러한 번뇌를 제공한 것은 '나'이겠지만 그러한 문제를 너무 개인화시켜서 자책할 필요가 없다는 뜻이다.

> "뭔가를 이루기 위해서는 고독 속으로 들어가야 한다.
> 성공한 사람들은 오랜 시간 홀로 자신과의 싸움을 벌인다.
> 위대한 작품, 뛰어난 실력은 고독을 통해 탄생한다. 바둑을
> 배우는 과정도 고독이고 승부를 펼치는 과정도 고독이며
> 결과를 받아들이고 극복하는 과정도 고독이다."
>
> *— 조훈현, 《고수의 생각법》 중에서*

조훈현 9단처럼 고독 속으로 들어가서 자신을 성장시킬 수 있다. 그래서 고독을 좋아한다면 그 상태로도 괜찮다.

반대로 파티를 좋아한다면 혼자 있을 필요는 없다. 어떤 사람들은 남들로부터 에너지를 얻고 어떤 사람들은 혼자 있으면서 에너지를 충전한다. 결국 사람마다 각자의 개성이 있고 거기에 맞추면 된다.

나는 사람들과 만나서 얘기를 나누는 것을 좋아한다. 특히 외국인들과 대화하다 보면 그 나라의 문화나 역사, 사고방식, 생활방식 등을 배울 수 있어서 더 좋다. 내가 외국어를 공부하는 이유 중의 하나가 이렇게 다른 문화의 사람들과 소통하고 배우고 싶기 때문이다.

하지만 혼자 있는 것도 좋아한다. 혼자서 카페에 앉아 책을 읽거나 멍 때리고 있을 때, 집에서 피아노를 치거나 글을 쓸 때도 행복감을 느낀다.

내가 아는 지인은 내성적인 성격에도 불구하고, 부서에 적응하기 위해서 억지로 밝은 척했다. 그런데 그 모습이 너무 어색하고 부자연스러워 보였다. 나도 마찬가지였다. 부서에서 밝고 긍정적인 모습을 보이기 위해서 일부러 노력해봤다.

하지만 금방 그 옷이 나랑 잘 안 맞는다는 것을 알았다. 대신 사람들을 좀 더 진솔하게 대하려고 노력했다. 이런 모습이 재미없을 수는 있지만 그냥 내가 갖고 있는 모습을 그대로 보이려고 한다.

《생각 버리기 연습》의 유명한 저자인 코이케 류노스케(こいけりゅうのすけ) 일본 승려는 "나는 여기까지 할 수 있는 사람이다. 조그만 사

람이다."라고 인정해야 한다고 말했다. 우리도 인간관계에 어려움이 있다면 무리할 필요가 없고 자신의 한계를 인정하면 된다. 모든 이들이 백설공주를 구해 준 일곱 난쟁이처럼 좋은 성격일 수는 없다.

내가 어떠한 사람인지 알기 위해서는 나만의 취미를 찾아야 한다. 낚시, 등산, 수영, 축구, 마라톤, 독서, 외국어 공부, 악기 배우기, 사진 찍기, 글쓰기 등 다양하다. 남들과 어울리는 것도 있고 혼자 하는 것도 있다. 여러 가지 활동을 하다 보면 나에게 맞는 것을 찾게 되고 내가 어떤 사람인지 알게 된다. 자신과 비슷한 생각과 취미를 가진 사람도 찾게 마련이다. 이렇게 자신만의 '사바나'에서 인간관계 방식을 찾아야 한다.

3-2

나는 더 이상 명함을 모으지 않기로 했다

조조가 한중이라는 지역을 놓고 유비와 세력을 다툴 때의 일이다. 조조는 한중을 차지하기 위해서 계속 공격했으나 험준한 이 지역은 쉽사리 점령되지 않았다. 조조 군의 사기는 점차 떨어지고 있었고, 조조는 어떻게 해야 할지 고심했다.

그는 저녁 식사로 닭국을 먹었는데 닭갈비 뼈가 먹을 수도 없고 버리기도 아까웠다. 그래서 자신도 모르게 그날 암호를 닭의 갈비뼈라는 뜻인 '계륵(鷄肋)'이라고 명했다. 다른 사람들은 영문을 몰랐으나 주부로 있던 총명한 양수는 다른 사람들에게 퇴각 준비를 명했다. 닭갈비 뼈는 버리기 아까운 부위지만 먹을 만한 데가 없기 때문에 무리해서 먹을 필요가 없다는 의미였다.

명함은 나에게 있어서 '계륵' 같은 존재이다. 한창 바쁘고 젊을 때는 많은 사람을 만났고 명함도 많이 받았다. 그런데 그 명함들이 어느 순간 집 안 곳곳에 쌓였다. 버리자니 아깝고 안 버리자니 짐이 되었다. 하지만 삼국지에 나온 계륵의 일화처럼 이런 경우는 과감히 버리는 것이 낫다. 그래서 틈이 날 때마다 명함을 한 장 한 장 꺼내면서 정말 내게 필요한 명함만 스마트폰의 앱을 이용해서 스캔하고 정리한다.

이 계륵 같은 명함을 많이 모아서 인간 네트워크를 늘린다면 업무상 많은 장점이 있을 것이다. 명함의 힘을 무시해서는 안 된다. 하지만 네트워크와 인간관계를 혼동해서는 안 된다. 즉, 명함을 통해서 생긴 수많은 네트워크는 참된 인간관계가 아니다.

고대의 철학자 아리스토텔레스도 "불행은 진정한 친구가 아닌 자를 가르쳐준다."라고 말했다. 주변에 많은 지인이 있더라도 내가 어려운 일에 처했을 때 나를 위해서 나서주는 사람이 진정한 친구이자 인간관계이다.

우리도 살면서 이러한 일을 점차 경험하게 된다. 인간관계를 통해서 감동을 느낄 수 있고, 배신감도 느낄 수 있다. 그래서 예전 직장 선배가 이런 얘기를 해줬다. '경사(결혼식 등)'는 꼭 참석할 필요는 없지만, '조사(장례식)'는 꼭 참석해야 한다고 말이다. 아무래도 힘들 때 나에게 힘이 돼 주는 사람이 훨씬 더 고맙고 오래 기억에 남기 때문이라고 한다. 물론 어떤 불순한 의도를 갖고 한 얘기는 아니지만 결혼식장보다는 아무래도 장례식장에서 서로의 진솔한 모습을 보게 된다.

'지음지교(知音之交)'는《열자》,《여씨춘추》에 기록된 이야기로 '나의 음을 알아주는 친구'라는 뜻으로 중국 춘추시대 거문고의 명수인 백아와 그의 친구 종자기의 고사에서 비롯되었다.

춘추시대 진나라의 관리 중에 백아라는 이가 있었는데 그는 거문고에 아주 능했고, 거문고를 타면 여섯 필의 말이 풀을 뜯다 고개를 들고 쳐다본다는 전설 같은 얘기가 있었다. 재미있게도 평범한 나무꾼인 종자기가 그의 높은 경지를 알아주었다. 백아는 종자기의 평가를 들을 때마다 감동을 받고 자신의 기량이 더 원숙해짐을 느꼈다. 하지만 종자기가 병들어 세상을 떠나자 백아는 비통해하면서 거문고 줄을 끊고 죽는 날까지 거문고를 타지 않았다.

지금 내 주변에 친구들이나 동료 등을 둘러보자. '지음지교'와 같이 나를 알아주고 속 깊은 대화를 할 수 있는 친구나 가족이 몇 명이나 될까? 내가 어려울 때 나서서 도와주거나 그들이 어려울 때 내가 도와주고 싶은 친구들이 몇 명 있는가?

전 세계 최고 부호 중의 한 명인 워런 버핏과 빌 게이츠의 25년 차를 극복한 우정은 잘 알려져 있다. 그들이 같이 브리지 게임을 하는 것이 종종 신문에 보도될 정도다. 한 명은 세계에서 가장 유명한 투자자이고, 한 명은 IT계의 거물인데 그들은 서로를 존중하고 배우고 있다. 워런은 불확실한 IT 주식에 투자를 안 하는 것으로 유명하지만 빌로부터 마이크로소프트 사에 대해서 설명을 듣고 무려 100주를 샀다. 또한 자선의 중요성에 대해서도 배우게 되고, 거액의 돈을 빌의 재단에 기부한다. 빌도 워런이 주주들에게 발송하는 연례 편지를 보고 본인도 게이츠 재단의 연례 편지 발간을 시작했고, 시간을 소중하게 쓰는 법을 배웠다.

이렇게 우정이 미치는 긍정적인 영향은 아주 많고, 특히 정신건강과 장수의 비결로 꼽힌다.

대표적인 심리학자이자 TED 강연으로 유명해진 수잔 핑커(Susan Pinker) 박사가 이탈리아의 유명한 마을의 장수 비결을 조사해 본 결과 그 비결이 꼭 맑은 공기나 고혈압 여부, 운동이 아니었다고 한다. 바로 '인간관계'에 있다고 했다.

세계적으로 유명한 토크쇼 진행자인 오프라 윈프리(Oprah Winfrey)는 "우리 모두는 인생의 격차를 줄여주기 위해서 서 있는 그 누군가가 있기에 힘든 시간을 이겨내곤 합니다."라고 말했다. 이렇게 우리는 주변에 누군가가 필요하다. 성별, 나이, 국적, 사람, 동물, 식물 상관없이 자신과 우정을 나눌 수 있는 '관계'가 필요하다.

단순히 사람의 숫자가 중요한 것이 아니다. 적어도 자신과 감정적인 교류를 할 수 있는 사람이든지 애완동물이든지 심지어는 식물이라도 있으면 정신건강에 좋다.

나도 고민거리나 어려운 점이 있으면 주변 사람과 상의한다. 그 친구들에는 동갑내기도 있지만 선배나 후배도 있다. 즉, 나이 차이는 상관없다. 정말 깊은 고민은 형이나 가족, 아내, 심지어 아이들에게도 물어본다.

사람뿐만 아니라 책이나 글쓰기, 음악 등에서도 답을 찾는다. 책 속에는 수많은 사람의 조언과 말씀이 농축되어 있고, 글쓰기를 하다 보면 나 자신의 마음을 비춰보게 되고 어느새 고민도 저절로 풀린다. 음악 가사도 나를 위로한다. 나에게는 김필, 곽지원의 〈지친하루〉, 이적의 〈말하는 대로〉, SES의 〈달리기〉 등의 음악이 나만의 '위로송(song)'이다.

우리에게 있어서 명함이란 무엇이고, 진정한 인간관계는 무엇인가?

명함은 옛날 중국에서 대나무를 깎아 이름을 적은 데서 비롯된 것으로 내 이름을 상대방에게 알리기 위해서 사용한다. 말 그대로 나를 알리기 위한 '네트워크'용이다.

반면 인간관계는 사람 간의 보다 진솔한 관계이다. 사회생활을 위해서 네트워크를 어느 정도 구축할 필요는 있지만 이를 인간관계와 헷갈려서는 안 된다. 단순히 아는 선배, 후배, 동료 등의 숫자를 늘리는 것보다 진정으로 가치 있고 중요한 관계를 발전시키는 것이 더 중요하다. 그러니 이제는 보다 가치(Value) 있는 관계를 위해서 힘쓰도록 하자.

3-3

당신이 올바르지 않은 인간관계에 있다는 증거 5가지

"시스템에 사번을 입력하세요."

"4번, 입력했습니다."

"……."

신입 사원 시절 시스템에 접속하기 위해서는 나의 회사 사번을 입력해야 했는데 숫자 4를 입력해서 선배를 당황하게 만든 적이 있다. 지금 생각해도 얼굴이 화끈 달아오른다. 이렇게 어리숙하게 시작한 직장 생활이 벌써 20년 가까이 된다.

그동안 실수도 많이 했고, 수많은 사람을 만나면서 상처를 주고, 받기도 했다. 그렇게 우여곡절 끝에 배운 것은 회사생활에서 제일 중요한 것이 소통과 공감이라는 점이다.

회사라는 작은 사회에서 이러한 인간관계가 조직의 경쟁력을 결정하는 가장 중요한 요소라고 본다. 그런데 회사에는 정말 다양한 사람이 모여 있어서 소통과 공감을 이루기가 쉽지 않다.

만화영화 〈개구쟁이 스머프〉는 버섯 마을에 살고 있는 100여 명의 스머프에 대한 이야기이다. 빨간 모자를 쓰고 있는 파파 스머프가 있고, 똘똘이, 익살이, 허영이, 스머페트 등이 있다. 이 중에서 똘똘이 스머프는 항상 잘난 체를 하고, 투덜이 스머프는 매사에 불만이 많다. "나는…… 싫어."라를 말을 입에 달고 있다.

- 똘똘이 스머프: 자존감이 아주 높고 잘난 척한다.
- 투덜이 스머프: 문제가 생기면 남을 자주 원망하고 불평한다.
- 허영이 스머프: 내 자신을 감추고 포장해서 남들에게 멋진 모습만 보여주려고 한다.
- 무심한 스머프: 남들이 무슨 일을 하는지 관심이 없고, 내 일에만 관심이 있다.
- 가가멜: 주변의 사람들을 나를 위해 이용할 수 있는 '체스의 말'처럼 생각한다.

(가가멜: 스머프를 잡아서 황금으로 만들려는 마법사)

여러분은 어떤 스머프로 살고 있는가? 이 중의 한 명의 스머프나 스머프가 아닌 가가멜에 해당한다면 잘못된 인간관계를 한다는 증거이다. 그런데 보통 직장인이라면 적어도 한두 가지 해당하는 부분이 있거나, 전부 해당하는 사람도 있을 것이다. 어쩌면 그것은 자연스러운 현상이다.

하지만 잘못된 인간관계를 하다 보면 상대방에 대한 미움, 원망,

질투로 가득 찬다. 누구의 말대로 적은 외부에 있는 것이 아니고 내부에 있다. 잘못된 관계는 언젠가 자신에게 '독'이 되어서 돌아온다. 이 세상에는 권선징악이나 정의사회 구현이라는 것은 없다. 하지만 나만 아는 이기주의에 남들을 이용하는 사람들은 자신의 역할이 끝나고 〈연극이 끝나고 난 후〉라는 노래처럼 무대 뒤로 내려오면 주변에서 자신을 진실로 대하는 친구가 아무도 없음을 발견할 것이다.

그렇다면 잘못된 인간관계를 어떻게 하면 바로 잡을 수 있을까?

누군가 인간관계는 자석과 같다고 했다. 두 개의 자석을 멀리 떨어뜨려 놓으면 그 자석들은 가만히 있고 움직이지 않는다. 하지만 둘을 반대 극끼리 가까이 밀어주면 둘은 서로를 강한 힘으로 끌어당긴다.

이렇게 끌어당기기 위해서는 앞서 언급한 바와 같이 '소통'과 '공감'이 필요하다. 나도 종종 업무에 몰입하다 보면 다른 사람들이 어떻게 일을 하는지 관심을 못 두는 경우가 있고, 어떤 생각을 하는지 모를 때도 있다.

이런 나의 단점을 지적하는 후배의 충고를 듣고 오후에 커피 한 잔을 마시거나 과자를 먹으면서 직원들과 스몰 토크를 한다. 살아가는 얘기, 가족 얘기 등 가벼운 얘기를 하면서 서로를 좀 더 이해할 수 있는 시간을 갖는다.

앞서 언급한 마이크로소프트의 3번째 CEO인 사티아 나델라는 CEO에 취임하자마자 제일 먼저 시작한 것이 회사 문화의 개혁이었다. 그가 취임할 당시 회사 내에서는 파벌과 정치 싸움이 너무 심해서 툭하면 서로를 헐뜯고 비방하기 일쑤였다고 한다. 그래서 그는 경영진을 모아서 허심탄회한 대화를 하고, 외부 강연자를 불러서 상대방의 관점에서 회사를 바라보게 하고, 직원들을 교육하였다.

이때 그가 무엇보다 강조한 것이 '공감'이었다. 현직 CEO로서는 드물게 그가 최근에 쓴《히트 리프레쉬》라는 책에서는 조직 문화를 리프레쉬(Refresh)하기 위한 노력이 드러났다.

> "나는 직원 모두가 마이크로소프트에서 이루고자 했던 목표, 즉 세상을 변화시키겠다는 목표로 다시 돌아가기 위해 혁신을 가로막는 장벽을 제거하겠다고 말했다. (중략) 나는 우리가 만화 속의 총을 버리고 지혜와 힘을 모아 회사에 새로운 활력을 불어넣는다면 빌 게이츠와 폴 앨런을 자극했던 꿈, 즉 최첨단 컴퓨터 기술을 널리 보급하겠다는 꿈으로 되돌아갈 수 있음을 깨달았다."
>
> *— 사티아 나델라,《히트 리프레쉬》 중에서*

그가 새로운 문화를 형성하는 데 3년이 걸렸다고 한다. 서로를 이해하고 소통하는 것이 이렇게 힘들다는 것이다. 그래서 아마존의 CEO인 제프 조베스도 '피자 두 판의 법칙'을 적용하여 회의할 때도 8명 이내로 제한하는 방법을 사용한다고 한다. 이러한 방식이 소통하기에 더욱 원활하고 보다 빠르고 효율적으로 결론을 이끌 수 있기 때문이다.

이제 앞서 5가지의 잘못된 인간관계를 바로 잡기 위해서 다음과 같이 해 보자.

첫째, 글쓰기를 통해 나의 마음의 거울에 내가 누구인지 비춰보자.

둘째, 모든 불만의 원인은 1차적으로 나에게 있다고 생각하자.

셋째, 힘들면 힘들다고 말하자. 나의 이미지를 위해서 남들을 속이지 말자.

넷째, 주변 사람에게 관심을 갖자. 관심을 갖는다고 욕하지 않는다.

마지막, 사회생활은 마라톤이다. 힘들어하는 동료를 끝까지 완주하도록 옆에서 도와주자.

여기에서 중요한 키워드는 소통과 공감이다. 주변의 사람들을 한번 돌아보고 생각해 보자. 나는 그들에게 어떤 사람이고, 그들은 나에게 어떤 사람인지를 말이다.

투덜이 스머프인가? 아니면 같이 얘기하고 고민을 상담할 수 있는 파파 스머프인가? 지금 동료나 후배에게 커피 한 잔을 권하면서 물어보자.

"일은 어때? 할 만하니?"

3-4

도레미파솔라시도, 음악과 같은 인간관계 공식

나는 재즈(Jazz)에 미쳤다.

그 시발점은 잘 모르겠다. 원래 피아노 치는 것을 좋아했는데, 무라카미 하루키 작가의 소설《바람의 노래를 들어라》를 읽으면서 왠지 재즈라는 것이 멋있어 보였다(실제로 하루키는 젊었을 때 재즈 바를 운영했다). 그래서 대학교에 입학하자마자 재즈를 배우기 시작했다. 재즈 피아노를 배우기 위해 종로의 실용음악학원에 등록한 것을 시작으로 나의 재즈 배우기는 어언 25년이 되었다. 지금도 가끔 재즈 음반을 듣고 연주도 한다. 재즈 관련 책이나 음반도 많은데, 그냥 재즈라는 삶 자체를 사랑했다.

"담배 연기가 자욱한 조그만 재즈 카페 중앙에 피아노가 있다. 그 피아노 위에는 위스키 한 병이 놓여 있다. 피아노를 치고 'On the Rock(얼음을 탄)' 위스키 한 잔을 마시면서 나의 연주를 음미한다."

나에게 재즈는 이런 의미다. 자유롭고 '쿨(Cool)'한 모습이다. 겉멋이라고 생각할 수 있지만 무엇보다 재즈 음악의 즉흥성을 좋아한다. 즉흥성은 말 그대로 나의 영혼에서 들리는 소리를 연주하는 것이다.

하지만 재즈를 배우고, 밴드를 구성해서 연주하다 보니 즉흥성이 전부가 아님을 알게 되었다. 즉 재즈는 보통 멜로디를 연주하고, 그 다음에 주 악기(트리오 Trio는 피아노, 쿼텟 Quartet은 색소폰)가 솔로를 연주한 후, 악기 간에 트레이드(Trade)를 통해서 주고받기를 한다. 모든 악기가 약속한 파트가 있는데 거기서는 다 같이 같은 코드, 리듬을 연주해 줘야 한다. 그래야 연주가 '쿨(Cool)'하게 들린다.

이렇다 보니, 재즈는 즉흥성뿐만 아니라 공감과 협업하는 능력도 중요하다. 만약 어떤 파트의 악기, 예를 들어서 색소폰 연주자가 자신을 돋보이게 하기 위해서 솔로 연주를 길게 하다 보면 다른 파트의 악기 연주자들은 집중력을 잃을 수 있다.

아마추어와 프로 밴드의 차이를 보면 개인적인 연주 능력뿐만 아니라 '호흡'에서 찾을 수 있다. 아무래도 오랜 기간 동안 거의 매일같이 연주했기 때문에 서로의 눈빛이나 간단한 제스처, 심지어 연주하는 상태만 봐도 상대방의 컨디션, 기분을 알 수 있다.

또한 다른 파트가 솔로를 할 때 그냥 리듬만 맞춰주는 것이 아니다. 내가 피아노로 콤핑(Comping; 다른 악기가 솔로할 때 리듬을 맞춰주는 것)을 할 때 나는 솔로 연주자의 리듬과 감성에 맞춰서 연주한다. 예를 들어, 색소폰이 격렬하게 연주하면 나도 따라서 격렬하게 리듬을 넣어주고 색소폰이 조용히 연주하면 나도 맞춰서 아주 고요하게(calm) 연주한다. 이렇게 앞에서 끌어주고 뒤에서 밀어주는 관계가 굉장히 중요하다.

철도왕 카네기(Carnegie)는 평소 호기심이 많고 근면해서 능력을 인정받았지만 철도 회사에서 자신을 믿고 중요한 보직을 맡긴 상사의 도움 덕분에 일취월장할 수 있었다. 스티브 잡스도 컴퓨터 오타쿠인 스티브 워즈니악(Steve Wozniak)이 있었기 때문에 그에게 기술을 맡기고 자신은 마케팅과 영업에 주력할 수 있었다.

우리나라 역사를 보더라도 조선왕조를 개국한 이성계에게는 정도전이라는 훌륭한 신하의 뒷받침이 있었고, 이순신에게는 자신을 믿고 지지해 준 류성룡이 있었다. 따라서 나 혼자만의 힘으로 되는 것은 아무것도 없다.

하지만 이러한 인간관계의 하모니가 꼭 완벽할 수는 없다. 클래식에서는 불협화음을 지양하지만 재즈나 대중음악에서는 불협화음이 많이 쓰이고 그 불협화음을 즐긴다. 즉, 나에게 싫은 소리를 하는 사람도 필요하다는 의미다.

소프트뱅크의 손정의 회장은 쓴소리를 잘하는 사람도 참모로 두었다. 유니클로를 키운 야나이 다다시 회장과는 골프 친구이면서 소프트뱅크의 사외이사지만 손 회장의 의견에 거침없이 반대하는 것으로도 유명하다. 그래서 자신과 하모니가 잘 맞는 친구나 동료도 좋지만 그렇지 않은 사람도 인정하고 받아들였다.

물론 나와 불협화음을 낸다면 피곤할 수 있지만, 옆에서 쓴소리를 해 주는 사람도 결국 자신에게 도움이 되고 나를 성장시킨다. 물론 습관적으로 쓴소리를 남발하는 사람은 멀리해야 한다.

이런 사람을 구별하는 안목을 키우려면 젊을 때 많은 사람을 만나봐야 한다. 만약 내가 인간관계를 회피한다면 그만큼 사람 보는 눈이 남들보다 떨어지는 것이다. 드라마를 보면 보통 부모님들이 결혼을 반대하는 경우가 많은데, 이는 자신의 인생 경험과 산전수전 겪으면서 만난 다양한 사람에 대한 경험 때문이다. 물론 사람들을 많이 만났다고 그 눈이 반드시 떠지는 것은 아니다. 일반적으로 경험에 비례하는 지혜가 있기 마련이다.

역사상 성공한 사람들은 인재에 목말라했다. 유비는 삼고초려의 정성으로 제갈공명을 맞았고, 조조는 인재가 찾아오면 머리를 감다 말고 나가고, 밥 먹다가 숟가락을 놓고 환영했다고 한다. 이를 사기에서는 일목삼착(一沐三捉), 일반삼토(一飯三吐)라고 했다.

조조가 힘들게 선임한 인재들 중에는 그에게 아부를 한 사람도 있지만 아닌 사람도 많았다. 그래도 조조는 최대한 인내심을 갖고(물론 한계에 다다르면 목을 쳤다) 다양한 의견을 들으려고 노력했다. 그만큼 사람이 중요하고, 인간 간의 관계, 즉 하모니가 중요하다는 것이다. 그 하모니가 꼭 협화음을 낼 필요는 없다. 불협화음을 내는 사람도 옆에 있어야 한다.

좋은 얘기를 해 주는 사람에게 당연히 호감이 가지만, 충고해 주는 사람에게도 감사함을 느끼려고 노력한다. 물론 나도 인간이기 때문에 당연히 싫은 말은 귀에 거슬린다. 하지만 그러한 말이 나의 발전을 위한 애정에서 나왔다고 생각하면 정말로 감사한 일이다.

언젠가 어느 선배가 나에게 "요새 많이 힘들지?"라고 물은 적이 있다. 그때 그 선배에게 "무관심보다는 낫죠."라고 답한 기억이 난다. 나도 모르게 게 툭 튀어나온 말이지만 내가 말해놓고 생각해 보니, 충고나 질책을 받더라도 나의 성장을 위해서 발전적으로 승화시킨다면 나를 도와주는 것 아니겠는가. 이렇게 생각하면 기분이 한결 나아진다.

그래서 누구나 인생을 살면서 나를 도와줄 사람을 찾아야 하고, 나도 그들을 도와줘야 한다. 마치 내가 재즈를 연주할 때 나의 솔로 연주를 끝내고 다른 파트가 솔로를 연주할 때 옆에서 콤핑을 넣어주면서 그 사람의 연주를 돋보이게 하는 것과 같다. 그리고 우리는 불협화음의 관계도 감사하게 받아들이면서 자신의 성장에 도움이 되도록 활용해야 한다.

3-5

음식점 찾기 공부법

"와, 맛있어 보이네요."

"찰칵! 찰칵!"

내가 스마트폰 카메라를 음식에 들이대면 다들 젓가락을 멈추고 나를 쳐다본다. 약 3초간의 정적이 흐른다. 그리고 여기저기서 스마트폰을 꺼내서 같이 사진을 찍는다.

일본 지인과 식사를 같이 하면 음식이 나올 때 꼭 사진을 찍는다. 그때 분위기는 참으로 화기애애하고 어떤 숭고한 의식 같은 기분도 든다. 그런데 우리나라에서는 조금 멋쩍은 기분이 든다. 예전에는 여성이 아닌 남성, 그것도 어엿한 중년 남성이 음식에 대고 사진을 찍는 것을 신기해하거나 이상하게 생각했다. 물론 이제는 음식점에서 음식 사진을 찍는 문화가 많이 퍼졌기 때문에 이전보다는 눈치를 덜 본다.

회사에서는 고객과 식사하거나 회식해야 하는 경우 제일 먼저 나오는 대사가 이렇다. “어디서 식사를 할까?” “어떤 음식이 좋을까?” “아무거나 먹고 싶은 데로 가자.” 상사나 선배의 이런 한마디가 나오면 머릿속이 복잡해지면서 두뇌회전은 아주 빨리 돌아간다.

이때 맛집에 도통한 오타쿠 또는 구루(자아를 터득한 신성한 교육자)들이 있어서 음식점을 고르는데 1초도 안 걸릴 때도 있지만, 그렇지 못한 경우가 대부분이다. 괜히 쓸데없는 스트레스를 받고 적당한 음식점을 인터넷에서 찾는 데 귀중한 시간을 낭비한다.

프랑스의 군인이자 황제였던 나폴레옹 1세(Napoleon I)는 “나는 영토를 잃을지 몰라도 결코 시간은 잃지 않을 것이다.”라고 시간의 중요성을 강조했는데도 말이다.

그래서 맛집과 음식을 찍어서 나의 인터넷 블로그나 카페에 기록해 두면 많은 장점이 있다. 고객을 많이 상대하는 영업 부서에서는 엑셀로 맛집을 관리하는 경우도 있지만 블로그에 맛집을 업데이트하면 언제 어디서든 손쉽게 검색해서 음식점을 찾을 수 있는 장점이 있다.

또한 중요한 것은 남의 경험이 아닌 나의 경험이니 좀 더 신뢰할 수 있다. 많은 음식점을 경험하고 블로그에 정리하다 보면 내가 먹는 음식에 대해서 어느 정도 호불호도 정리된다. 즉, 나에게 어떤 음식이 맞는지 안 맞는지에 대한 궁합을 알게 된다. 그리고 사적인 자리나 공적인 자리나 그 품격에 맞는 음식점을 알게 된다. 그것이 곱창전골이 될지, 아니면 삼겹살, 소고기, 참치회가 될지 모른다.

젊었을 때는 많은 음식점을 접하게 되고, 다양한 음식을 체험하는 시기라면 이제는 나에게 맞는 음식점을 다니는 것이 좋다. 꼭 고급 횟집이나 비싼 한우 고깃집이 아니어도 상관없다. 한 가지 주의할 점은 단골집뿐만 아니라 주변 지인이나 친구 또는 인터넷을 통해 새로운 맛집을 '탐험'해 보는 것도 중요하다. 아직 안주할 나이가 아니다. 끊임없이 새로운 것을 경험하는 것이 중요한 자산이 될 것이다.

그렇다면 음식 사진과 맛집의 기록이 인간관계에 어떤 도움이 되는 것일까?

첫째, 맛집에 대한 기록은 '기브(Give)'의 행위이다. 나뿐만 아니라 다른 이들에게도 중요한 정보가 되기 때문에 상대방에 대한 배려심이라고 생각한다. 단지 나의 저장 매체에만 보유하는 것이 아니고 SNS나 블로그에 올리면 자연스럽게 다른 사람들과도 정보를 공유하게 된다.

나는 어느 동네 맘 카페의 파워 블로거는 아니지만 내가 다녀온 맛집에 대한 기록을 남긴다. 특히 블로그에 올리면 데이터로 오래 남길 수 있을 뿐만 아니라 나만의 분류 기준을 만들어서 한눈에 시각화할 수 있다. 이러한 맛집을 기록하다 보면 새로운 친구들을 인터넷상에서 만나게 된다. 그들로부터도 좋은 음식점 정보를 얻게 되면서 '기브(Give)'의 정신이 정보의 선순환을 만드는 것이다.

다산 정약용의 형인 정약전(1760~1816)은《자산어보》라는 어류학서를 저술했다. 이 책은 3권 1책으로 정약전이 흑산도 유배 생활을 하던 중 흑산도 근해의 수산생물을 조사하고 채집한 기록이다. 음식점을 얘기하다가 갑자기 왜《자산어보》를 언급하느냐고 질문할 수 있다. 하지만 이러한 책들과 마찬가지로 우리도 음식점에 대한 나만의 기록을 남길 수 있다. 그것은 100년 또는 200년 후에 우리의 자손이나 후대 사람들에게 유산으로 남을 수 있다.

둘째, 기록을 남김으로써 자신뿐만 아니라 상대방도 그 순간을 소중히 하고 나에게 감사할 것이다. 시간이 지나다 보면 우리는 그때 그 순간 음식점에서 느꼈던 감동, 상대와 나누었던 추억을 잊기도 한다. 1년, 5년, 10년 지나고 나면, 결국 남는 것이 아무것도 없다.

《사소함이 만드는 성공의 법칙》의 저자인 경영학자 톰 피터스(Tom Peters)는 당연해서 간과하기 쉬운 사소함이 결국 거대한 힘의 결정체를 만든다고 말한다. 이렇게 사소한 행위로 보이는 것이 나중에 모이면 나에게 있어서 거대한 힘을 만들어줄 뿐만 아니라, 나중에 나만의 기록을 보다 보면 감사한 마음을 갖게 된다. 인생의 행복 중의 하나는 이러한 사소하게 감사한 마음이 모이고 쌓여서 이루어진다.

셋째, 맛집에 대한 데이터를 구축하고, 계속 확장한다면 나 자신을 브랜드화, 즉 '맛집을 많이 아는 사람'으로 인식시킬 수 있으면서 인간관계에서도 도움이 된다. 맛집 하면 누구라는 별명을 얻는 것도 나쁘지 않다. 하다못해 낯선 이와 대화할 내용이 없다면 음식점 얘기를 할 수도 있다. 선배들은 음식점에서 내가 음식 사진을 찍을 때마다 "이것도 찍어서 올릴 거지?" "너 때문에 한밤중에 배고프다."라는 불평 아닌 불평을 한다. 그것도 나를 브랜딩하는 방법이다.

나이가 들수록 이러한 맛집 경험을 할 수 있는 기회는 점차 줄어든다. 음식점을 많이 경험하는 나에게 있어서 이것은 아주 즐거운 경험이고 공부이다. 절대로 누가 시켜서 억지로 하는 행위가 아니다.

지금부터라도 음식점에서 남의 시선은 잠시 신경 쓰지 말고 스마트폰으로 맛있는 음식과 동료들의 사진을 찍자. 5줄 이내라도 나의 블로그나 SNS에 간단한 평을 남겨보자. 얼마 후 우리의 기억에서는 점차 사라지지만 미래의 나 또는 남에게 반드시 도움이 되는 '기브(Give)'의 행위이다. 따라서 음식점 찾기 공부법은 우리의 '인간관계 능력'을 구축하기 위한 좋은 방법의 하나임을 명심하자.

3-6

내 품격을 올려줄 멘토 만들기 작전

실리콘 밸리에서 빌 캠벨(Bill Campbell)이라는 분은 전설적인 존재이다. 그는 '실리콘 밸리의 코치'라고 불리면서 멘토 역할을 했다. 스티브 잡스도 주말마다 1시간씩 스탠퍼드 대학 교정을 걸으며 그와 상담을 했고, 아마존의 CEO인 제프 베조스(Jeffery Bezos)가 회사에서 쫓겨날 뻔했을 때도 이사회에 그를 유임시키라고 조언했다고 한다. 만약 그때 제프 베조스가 회사에서 쫓겨났다면 지금의 아마존은 없었을 것이다.

> "캠벨의 조언 스타일은 심리상담가와 유사하다. 상대의 마음을 조정하고 해결책을 내주기보다는 유의미한 질문을 던져 스스로가 올바른 판단을 내릴 수 있게 도와준다."
>
> *— 벤처 투자자 랜디 코미사, 《비즈니스 인사이더》 중에서*

멘토라는 단어가 그리스 신화의 오디세우스의 친구, 멘토르(Mentor)에서 유래했다는 것은 더 이상 새삼스러운 얘기가 아니다. 초등학생도 멘토의 의미를 알 것이다. 하지만 주위를 둘러봤을 때 과연 내 주변에 멘토가 있는가라고 묻고 싶다. 만약 한 명이라도 없다면 심각하게 생각해 볼 문제이다. 멘토가 대단한 것은 아니다. 굳이 찾으려고 할 필요 없이 주변에 모든 이가 멘토가 될 수 있다. 나의 배우자가 멘토일 수 있고, 나의 부모나 형제, 친구가 멘토일 수도 있다.

하지만 이왕이면 나의 장·단점을 객관적으로 볼 수 있는 나만의 전문가 집단을 만들면 더욱 좋다. 그리고 그 전문가 집단들과 좀 더 많은 시간을 할애해서 만나고 대화를 나눠야 한다. 단순한 네트워크를 위해서 사람을 만나는 것은 젊은 시절이면 충분하다. 인간관계는 양이 아닌 질이 더 중요하다.

조직 문화에 적응하기 위해서는 멘토의 충고가 큰 도움이 된다. 특히 낯선 환경에 따른 문화지능(Culture Intelligence, CI)이 중요하다고 한다. 아무리 능력이 뛰어나도 새로운 환경에 적응을 못 한다면 자신의 능력을 발휘하지도 못하고 역사의 뒤안길로 사라진다. 나의 주변에 많은 선배나 후배가 새로운 조직 문화에 적응을 못 해서 다른 부서나 회사로 이직했다. 물론 사람마다 그 조직과 코드가 맞는 사람, 안 맞는 사람이 있지만 특히 문화지능이 낮은 분들이 있다. 이렇게 CI가 낮은 분들에게는 멘토의 힘이 절대적이다.

내가 아는 지인은 뛰어난 업무 능력을 갖추고 있었으나, 새로운 직장에서 스트레스를 너무 많이 받고 적응을 못 해서 스스로 생을 마감했다. 우리가 고민하는 많은 부분에 대해서 가족에게 이야기하기 힘든 경우도 있기 때문에 만약 그분에게 멘토가 있어서 고민을 들어주고, 방향을 제시해 주었다면 어땠을까 라는 안타까운 마음이 든다.

나에게는 다양한 분야의 멘토들이 있다. 주식시장은 '주신'이라 불리는 형님, 음악은 '서울실용음악학원'길 원장님, 전반적인 회사 생활에 대한 질문은 예전 상사였던 최 교수님, 고민거리는 다른 회사의 이모 친구, 건강은 피티 선생님, 인생 상담은 형과 아내, 글쓰기는 '책인사'의 이 대표님 등이 있다.

고민이 있을 때마다 그분들에게 질문한다. 꼭 멘토가 나보다 나이가 많을 필요는 없다. 그 분야의 전문가라면 누구든 나만의 멘토가 될 수 있다.

하지만 멘토가 꼭 사람일 필요는 없다. 프랑스의 철학자이자 수학자인 르네 데카르트(René Descartes)는 다음과 같이 말했다. "좋은 책을 읽는 것은 과거 몇 세기의 가장 훌륭한 사람들과 이야기를 나누는 것과 같다." 즉, 내게 도움이 되는 책이나 명언, 속담, 격언도 나의 멘토가 될 수 있다.

나도 젊은 시절에는 다양한 책을 읽고 모았으나 나이가 들수록 내가 좋아하는 책, 나에게 도움이 되는 책을 남기고, 다른 책들은 중고서점에 처분하거나 기증했다. 좋은 책들은 줄을 그어 가면서 읽고, 필요한 곳은 접어둔다. 가끔 시간이 날 때나 힘들 때 펼쳐보면 나에게 피와 살 같은 존재가 된다. 블로그나 카페에 나의 느낀 점이나 생각을 서평으로 남긴다면 그 좋은 '멘트'들이 나만의 '멘토'가 된다.

"나는 내 인생에서 9,000번 이상의 슛을 실패했다. 300번의 게임을 졌다. 26번의 승부가 걸린 슛을 날렸고 실패했다. 나는 내 인생에서 거듭, 그리고 또 거듭 실패를 반복했다. 그것이 내가 성공한 이유다."

— *미국 농구선수, 마이클 조던*

흔히 '실패는 성공의 어머니'라는 말도 있지만 이런 말보다 뛰어난 천재 농구 스타의 한마디가 실패를 두려워하는 나에게 큰 힘이 되어준다. 심지어 'Just Do It'이라는 나이키의 광고 문구도 나에게 실행의 중요성을 강조한다. 이런 인생의 지침이 되는 말들은 멘토 같은 존재이기 때문에 방이나 집 안에 붙여 놓고 곱씹으면 큰 도움이 된다.

예전에는 집 안에 가훈이나 교훈 같은 말씀을 걸어두었다. 내가 어렸을 때 집 안에 걸려 있던 '대도무문(大道無門)'*은 나뿐만 아니라 우리 집안의 무의식을 지배했다는 생각이 든다. 아버지는 정도를 지키셨고 자신이 믿는 가치를 믿고 따르셨다. 그래서 많은 이의 존경을 받으신 것 같다.

우리에게 멘토는 왜 필요한가?

---

* 사람으로서 마땅히 지켜야 할 큰 도리나 정도에는 거칠 것이 없다는 뜻이다.

미국 작가 피터 드 브리스(Peter De Vries)는 "인생은 밀림 속의 동물원이다(Life is a zoo in a jungle)."라고 말했다. 아는 선배는 내가 부장이 되었을 때 'Welcome to jungle'이라고 이메일에 써서 보냈다. 당시는 그 의미를 잘 이해 못 했지만 시간이 흐를수록 무슨 말씀인지 점차 이해되었다.

비단 회사생활뿐만 아니라 사회생활이 동물의 세계와 같다는 것이다. 우리는 약육강식의 사회에서 살아남기 위해서 나만의 생존 방식을 찾아야 하고, 멘토의 충고가 필요하다. 안 그러면 금방 맹수에게 잡아먹히거나 독버섯을 먹고 쓰러질 수 있다.

내가 만약 힘들었을 때 고민을 털어놓고, 충고를 해 줄 멘토가 없다면 어땠을까 라는 생각을 해 본다. 그랬다면 나는 훨씬 더 빨리 늙고, 금방 정신병이나 우울증에 걸렸을 것이다. 이제부터 나만의 '전문가 집단'을 만들자. 내가 좋아하는 책들, 격언들도 그중의 하나가 될 것이다. 그렇게 한다면 'Welcome to jungle(정글에 온 것을 환영합니다)'은 반드시 'Welcome to heaven(천국에 온 것을 환영합니다)'이 된다.

3-7

혼자 잘 노는 사람이 인간관계도 잘한다

"새벽 4시에 전화를 걸 수 있는 친구라면 중요한 친구이다."라는 명언을 어떻게 생각하는가?

진정한 친구라고 생각할 수 있다. 하지만 나는 이런 친구가 오히려 부담스러울 것 같다. 그것은 마치 자신의 감정의 찌꺼기를 상대방에게 쏟아붓는 것과 같다. 물론 큰 고민거리가 있다면 들어줘야 하지만 습관적으로 혼자 있는 것이 싫어서 남과 이야기하길 원한다면 그것은 진정한 친구가 아니라고 생각한다.

1995년 미국에서 어학연수 중일 때 어떤 노부부와 인사를 나눴다. 그런데 조금 있다가 할아버지가 혼자 어디론가 간다고 하셨다. "Where are you going?"이라고 여쭤보자 "I am going to watch a movie."라고 하셨다. 그 당시 대학생이던 나는 문화적 충격에 빠졌다. 금실 좋아 보이는 이 노부부는 내 기준에 당연히 같이 영화를 보러 가야 하는 것이다. 그것이 선진국에 사는 백인 노부부에 대한 나의 이미지였다. 하지만 23년이 지난 지금에서야 이해가 된다. 그 부부는 서로의 기호를 존중했고 할아버지도 자신만의 '혼자 놀기' 방법이 있었다는 것을. 그렇게 자신만의 시간을 존중했기 때문에 노부부는 다정하게 보였다.

혼족들이 늘어나고 있다. 일본은 2035년이면 48%가 싱글인 시대를 맞는다고 한다. 한국도 마찬가지다. 2016년 인구 주택 총 조사 결과에 따르면 1인 가구는 이미 1/3에 육박한다. 내 친형도 이 1/3에 속한다. 최근에는 '미혼(未婚)'이 아니라 '비혼(非婚)'이라고 한다. 즉, 결혼은 필수가 아닌 선택이다.

예전에는 혼자서 식당을 가면 쑥스러운 분위기였지만 최근에는 1인 1가구가 증가하고 있어서 점차 자연스러운 현상이 되어가고 있다. TV에도 〈나 혼자 산다〉나 〈미운 우리 새끼〉같은 1인 가정에 대한 방송이 인기를 끌고 있다. 이제는 혼자 밥 먹고 혼자 술 마시고 혼자 여행을 다니는 혼족이 득세다.

나이가 들수록 사람은 외로워진다. 자녀가 초등학생이나 중학생이 되면서 관심이 자녀에게 쏠린다. 머리를 새로 잘라도 알아주는 사람은 사무실에 직원들 몇 명(그것도 눈썰미 좋은 직원 정도)이고 같은 옷을 일주일째 입어도 아무도 신경 안 쓴다. 결혼을 안 한 사람도 나이가 들면서 친구들이 결혼하거나 이성 친구가 생겨서 더 이상 같이 안 놀아준다. 이제는 나 혼자 홀로서기를 해야 한다. 외로움은 외로움으로, 고독은 고독으로 받아들여야 한다.

그래서 예전에 서정윤 작가의《홀로서기》라는 시가 베스트셀러에 오르기도 했다. 우리는 현재 우리의 외로운 모습을 받아들일 때 한 단계 더 나아갈 수 있다. 홀로서기를 한 사람들일수록 인간관계에 여유가 느껴진다.

그렇다고 결혼한 분들에게 가정을 버리라는 것은 아니다. 나중에 진정 고독해졌을 때를 대비하라는 것이다. 지금 공부해 두지 않으면 청계산만 오르락내리락하면서 죽음을 기다리는 수밖에 없다. 물론 건강을 위한 등산은 좋지만 등산밖에 할 것이 없다면 문제이다. 이제 내가 행복할 수 있는 혼자 노는 법을 공부해 보자.

나에게 있어서 혼자 놀기의 진수는 역시 서점과 카페다.

주로 강남의 대형 서점에 가는 것을 좋아하는 데 공간도 넓고 향기로운 아로마 냄새가 코를 즐겁게 하기 때문이다. 마치 내 영혼이 정화되는 느낌이다. 그곳에는 나처럼 혼자 놀기를 즐기는 사람들로 가득하다. 서점에 혼자 간다고 "혼자 오셨어요?"라고 묻는 직원은 없다. 그곳에서 최신 베스트셀러, 내가 좋아하는 장르의 서적(자서전, 자기계발, 역사서, 일본 소설) 위주로 쭉 훑어본다. 책을 읽는다고 돈 내라는 사람도 없으니 얼마나 편하고 좋은가. 그리고 요즘 서점에서는 의자나 소파에 앉아서도 책을 읽을 수 있다. 그렇기 때문에 여기는 인터넷 서점보다 1, 2천원을 더 지불해야 한다.

물론 나는 무임승차하는 사람이 아니다. 직장인이라면 책 몇 권 정도 살 수 있는 경제적인 여유가 있다. 1시간 정도 아로마 향기와 향긋한 책 냄새를 맡고 마음껏 책을 볼 수 있는데, 1만원 정도는 그에 대한 충분한 답례를 하는 것이다. 책 속에 파묻혀서 다양한 세대와 어울려서 책을 읽는 것도 일종의 '젊음의 묘약'이 아닐까 싶다.

카페도 좋다. 향긋한 커피향에 취해서 차 한 잔 마시며 책을 읽는 것은 어떨까? 물론 스마트폰을 만지작거릴 수도 있지만, 차라리 그럴 바에는 멍 때리기가 나을 것 같다. 우리는 이미 회사에서 적어도 10시간 정도 디지털에 노출되어 있다. 밖에서는 디지털을 멀리하는 것이 정신건강에 좋다.

그냥 멍 때리고 커피 마시면서 거리에 사람들을 쳐다보거나 사랑스러운 연인들을 훔쳐보는 것도 즐거움 중의 하나이다. 그러면서 나 자신을 조금이나마 비울 수 있다. 나는 카페에서 책을 읽거나 글쓰기를 좋아한다. 향긋한 아메리카노 커피향을 맡으며 글을 쓰면 마치 내가 베스트셀러 작가가 된 기분이 든다.

프랑스 파리에 출장 갔을 때, '나폴레옹'이라는 에펠탑 근처의 호텔에 묵었다. 그때 일행과 아침 식사를 맛있게 먹으며 잡담을 나눴는데, 옆에 어떤 중년의 일본 여성이 혼자 조용히 독서를 하고 있었다. 그 모습이 너무 멋있었고, 영화 속 한 장면 같았다.

한번 상상해 보자. 햇볕이 살짝 쏟아지는 프랑스 파리(파리가 중요하다)의 어느 호텔 카페에서 맛있는 바게트 빵, 커피 한 잔과 한 권의 책. 이미 상상만으로도 충분히 행복하다.

감수성 있는 노래를 부르는 것으로 유명한 가수 이소라는 〈좀 멈춰라 사랑아〉라는 노래에서 이렇게 말한다. "혼자서 놀다 보면 친구

같은 거에도 관심 없어. 집에서 안 나가면 그런 게 편안하니까." 이렇게 혼자 놀기는 나의 지친 영혼을 위로하고 편하게 쉴 수 있도록 해준다.

나도 노후를 대비해서 혼자 놀기 공부법을 지속하고 있고, 그 단계를 높여가고 있다. 나중에 60세가 넘어서 홍대의 작은 재즈 카페에서 피아노를 치면서 노래를 부르고 싶다. 그리고 젊은 친구들한테 팁을 받거나 술도 한 잔 얻어 마시고 싶다.

나의 혼자 놀기가 남들에게 어떤 가치를 제공하면 더 좋을 것이다. 그러기 위해서는 기록을 남겨야 한다. 나는 블로그에 맛집, 여행, 서평, 영화평, 가치관, 생각 등을 올린다. 그래야 더욱 오랫동안 나의 기억과 느낌이 남고 남들에게도 어떤 '가치(Value)'를 제공할 수 있다. 나중에 우리의 후손이 지금 기록을 보면 어떤 느낌이 들까 라는 상상도 즐겁다.

혼자 놀기는 나의 영혼을 치유하고 인간관계를 더욱 돈독하게 만든다. 나를 먼저 채워야 남과의 관계도 더 잘할 수 있다. 혼자 잘 노는 사람이 인간관계도 잘할 수밖에 없는 이유이다.

3-8

때론 '후흑학'의 삼국지보다 동화책을 읽는 것이 낫다

《삼국지》를 처음 접한 건 초등학교 4학년 때이다. 당시 동네 친구 녀석이 나에게 《三國志》라는 두꺼운 책을 빌려주었다. 그때 한자가 섞여 있던 삼국지는 읽기에 어려웠지만 세로로 읽는 멋이 있고, 책 냄새도 좋았다. 겉표지도 아주 멋있어서 책을 들고 다니면 뭔가 있어 보였다. 대학생 때는 정비석, 이문열 작가의 《삼국지》를 읽으면서 삼국지에 더 빠져들었다. 나도 삼국지 팬이라면 책을 3번 던진다는(관우, 유비, 제갈량 죽을 때) 경험을 했고, 삼국지와 관련된 모든 것을 사랑했다.

삼국지의 가장 큰 매력은 수많은 등장인물과 다양한 개성, 전투에 대한 치밀하고 상세한 묘사이다. 수많은 병사가 희생된 관도대전, 적벽대전 등은 전쟁의 참담함을 느끼게 만든다. 그래서 남자라면 삼국지를 3번 읽어야 한다고 말한다.

나도 동의한다. 삼국지를 읽다 보면 다양한 인간관계가 나오고 우리가 차마 상상할 수 없는 온갖 종류의 권모술수도 나온다. 삼국지로부터 권모술수를 배우라는 것이 아니니다. 오히려 우리가 지양(지향이 아닌) 해야 할 인간관계나 처세술을 배워야 한다.

이에 대한 배경을 알려면 먼저 삼국지가 어떤 소설인지 이해해야 한다. 서진 시대의 정사인《삼국지》(저자 진수, BC 233~297)는 몰락한 촉나라의 백성이었던 진수가 비교적 냉정하게 기술한 역사서다. 반면, 명나라 시대의 사람인 나관중(1330~1400)이 지은《삼국지연의》는 그동안 내려온 다양한 삼국지 관련 역사서뿐만 아니라 민간 설화 등을 통해 구전된 내용을 종합한 역사소설이다. 우리가 얘기하는 삼국지는 진수의《삼국지》가 아니고 나관중의《삼국지연의》이다. 따라서 소설이다. 그런데 대부분의 사람이 삼국지가 소설이 아니고, 역사적인 팩트(사실)라고 착각한다.

이 역사 소설의 문제는 권모술수, 남성 중심적 사고, 주군에 대한 맹목적 충성을 강조한다는 점이다. 대표적인 범죄조직인 중국의 삼합회는 자신들의 형상으로 삼각형 안에 칼 또는 관우의 형상을 사용한다고 한다. 삼합회는 조직원들 간에 절대적인 충성을 요구하고, 이를 배신할 시에는 죽음으로 갚는다. 삼국지에 나오는 유비, 관우, 장비의 도원결의도 처음 의도는 순수했지만 후세에 이와 같이 변질되었다.

이 책은 '후흑학'에 대한 책이다. 청나라 말기에서 중화민국 초기를 살다간 이종오(李宗吾)라는 사람이 《후흑학(厚黑學)》을 저술하고 제창했다. 후흑은 말 그대로 면후(面厚)와 심흑(心黑)을 합성한 것이다. 즉, 얼굴의 뻔뻔함과 마음의 음흉함이다. 그는 다양한 중국의 역사서와 서적 등을 탐독한 후, 중국인은 "가능한 한 더 많이 철면피가 되고 더 철저하게 흑심을 지녀야 한다!"라고 역설했다.

후흑학에는 3단계가 있다고 한다.

1단계는 성벽처럼 얼굴을 두껍게 하고, 석탄과 같이 검은 마음을 갖는 것, 2단계는 얼굴이 두꺼우면서도 강하게, 속이 검으면서도 빛나게 하는 것, 3단계는 얼굴이 두꺼우면서도 형체가 없고, 속이 검으면서도 색채가 없게 보이는 것이라고 한다.

즉, 3단계에 이르면 '불후불흑(不厚不黑)'의 경지에 이르러서 얼굴이 두껍고 검어도 상대방에게 보이지 않는다. 이 정도의 경지에 이르려면 자신도 속여야 한다. 오직 내가 부르짖는 것이 정의라는 강한 믿음이 있어야 한다.

후흑학의 대표 인물은 조조와 유비다. 조조는 다들 얼굴이 두껍다고 동의하겠지만 유비는 성인군자이고, 한나라 황실의 먼 종친이라서 정의의 편이 아닌가? 하지만 《쌍전》이라는 책에서 류짜이푸(劉再復) 작가는 "'공자 같은 성인'이라는 간판은 유비가 구사하는 기만술의 키워드"라고 언급했다. 유비는 천하의 조조, 원소, 여포, 유장을 속였다. 조조와 같이 술을 마실 때 본인이 겁쟁이인 것처럼 연기했다. 천둥 번개가 치자 젓가락을 떨어뜨리는 연기를 감행했다. 조조조차도 그 연기력에 속아서 자신과 천하를 다툴 사람이 아니라고 생각했을 정도였다. 아카데미 철면피 주연상감이다.

원소도 유비에게 속아서 그를 잠시 수하에 두었다. 가장 하이라이트는 자신의 종친인 유장을 속여서 그의 땅을 빼앗고 '촉'나라를 세운 것이다. 하지만, 본인은 끝까지 자신의 야심을 드러내지 않고, 주변 참모들인 방통, 제갈량 등이 자신을 부추겨서 마지못해 유장의 땅을 취한 것인 척했다.

이외에 유비가 조조로부터 도망가기 위해서 조강지처인 미부인, 감부인을 전쟁터에 내버려 둔 것은 애교 축에 속한다고 할 수 있다. 오죽하면 충신인 조자룡이 그의 부인과 하나밖에 없는 혈육인 아두(나중에 촉의 2대 황제가 되는 유선)를 구하기 위해서 전쟁터로 다시 뛰어들었겠는가?

한나라를 세운 유방은 더 심하다. 그는 항우에게 쫓기면서 자식들을 마차에서 떨어뜨려서 속도를 내려고 했다. 그의 부하인 하후영이 울면서 이를 가까스로 말렸다. 지금이라면 상상할 수 있겠는가?

우리는 영화 〈부산행〉에 나온 사업가가 자신이 살기 위해서 혼자 도망치는 것도 욕하는 마당에 자식이나 처를 버리고 도망치는 것을 어떻게 설명할 수 있을까? 물론 다른 의견도 있을 수 있기 때문에 이는 내 사견임을 밝힌다.

사회생활을 하다 보면 어느 정도의 뻔뻔함은 필요하다. 너무 정직하거나 순수하게 살다 보면 남들에게 이용당하는 피해를 볼 수 있다. 이곳은 정글과 같은 곳이다. 내가 약한 척을 한다면, 언제든지 맹수에게 잡아먹힐 수 있다. 하지만 상습적으로 뻔뻔함을 보이는 사람은 가장 중요한 신뢰를 잃는다. 세상에는 이런 사고방식을 가진 사람이 반드시 있게 마련이다. 그들에게 다른 사람들은 자신의 꿈을 실현하기 위한 도구에 불과하다.

〈마스크〉라는 영화는 자신감 없는 은행원인 주인공(배우 짐 캐리)이 우연히 얻게 된 마스크를 쓰면서 슈퍼 파워와 자신감을 얻는다는 얘기지만 점차 자기 자신을 잃어가고 마스크의 능력에 빠진다.

우리도 우리만의 마스크를 쓰고 있는 것이 아닌가? 그 마스크가 더 오래될수록 벗기 힘들고 자기 자신이 누구인지 점차 잊게 된다.

여러분은 어떤 마스크를 쓴 사람이 되기를 원하는가?

《삼국지》라는 책은 우리에게 지양해야 할 인간관계를 알려준다. 그래서 꼭 읽어야 하는 필독서인 것이다. 물론 어떤 가면을 쓸지에 대한 선택은 온전히 우리의 몫이다.

3-9

Give is Gain,
주는 것이 얻는 것이다

"네가 더 나이가 들면 손이 두 개라는 것을 발견하게 될 것이다. 한 손은 너 자신을 돕는 손이고 다른 한 손은 다른 사람을 돕는 손이다."

— 미국의 영화배우, 오드리 헵번

오드리 헵번은 〈로마의 휴일〉이라는 영화에 주연으로 출연하여 전 세계적인 스타가 되고 만인의 연인이 되었다. 이 영화에서 그녀는 천방지축으로 행동하는 공주로 나오면서 기자와의 애틋하고 잔잔한 사랑을 연기했다.

실제 생활에서도 그녀는 이 공주와 같았다. 세계적인 스타였지만 겸손함을 잊지 않았고, 영화에서 보이는 것처럼 밝고, 긍정의 아이콘이었다. 25세 때부터 이미 유니세프 기부에 참여했고 50세 이후는 홍보대사를 맡아 아프리카, 남미를 찾아다니며 봉사하였다. 그녀는 진정한 나눔의 의미를 보여준 사람이고, 겉과 속이 모두 아름다운 보기 드문 배우였다.

심지어 그녀의 아들인 숀 페러(Sean Ferrer)는 어머니의 자선 재단을 운영하면서 팽목항 인근에 세월호 추모숲을 조성한다고 한다.

남들을 도우며 자선 활동을 통한 기브(Give)가 대표적이라면, 좀 더 적극적이고 실용적인 방법으로 활동을 하는 사람들도 있다. 전 세계 최고의 부호 중의 한 명인 워런 버핏의 둘째 아들, 하워드 버핏(Howard Buffett)은 변호사가 되려고 했으나, 열정이 생기지 않아서 다양한 직업을 전전했다.

그중에는 굴착기 기사, 사탕가게 포장 직원, 야생동물 사진 촬영가 등 다양하다. 그러다가 농부로서 보람을 느끼면서 자신이 배운 노하우를 살려서 아프리카에서 농사일을 하면서 기아 퇴치를 위해서 노력하고 있다. 그는 아프리카의 내전이 발발한 곳에서도 위험을 무릅쓰고 농사법을 개발하고 빈곤 퇴치를 위해서 앞장섰다.

다른 식의 기브(Give)도 있다. 바로 '재능 기부'다. 불우한 이웃을 돕기 위해서 자선활동도 필요하지만 내가 베푼 재능을 사회에 환원시키면 누군가에게 혜택을 줄 수 있다. 그리고 그 누군가는 또 다른 누군가에게 재능을 기부함으로써 혜택을 줄 수 있다.

야학을 아는가? 대학생들이 정규학교에 다니지 못한 사람들을 위해서 밤에 국어, 수학 등을 가르치면서 자신의 재능을 기부했다.

그는 공장 노동자다. 매일매일 반복되는 작업을 하고 위험한 환경에도 노출되었다. 특별히 인생에 대한 희망이 없었다. 하지만 그는 틈이 날 때마다 자신의 글을 인터넷 게시판에 올렸다. 이러한 행위를 통해서 힘든 노동일을 견딜 수 있었다. 그는 자신의 글쓰기 재능을 기브(Give)해서 다른 이들에게 소설의 즐거움을 알게 해 주고, 자신은 이를 통해서 구원(Gain) 받았다. 그는 2년간 무려 366편의 단편소설을 쓰고, 이 중에서 추려낸 3권의 단행본이 출간과 동시에 베스트셀러에 올랐다. 그는《회색인간》의 저자인 작가 김동식이다.

나는 예전에 많은 이의 사랑을 받고 싶었다. 그래서 답답한 전공 공부보다는 음악을 공부했고, 내가 작곡한 곡을 들고 무대 위로 올라갔다. 경원대에서 열였던 '까치골 가요제'라는 곳에서 본선에 올라 내가 작곡한 〈크리스마스이브〉라는 곡을 불렀다.

내용은 크리스마스이브에 헤어진 여자 친구를 생각하며 옛 추억을 회상한다는 다소 신파적인 내용이었다. 나름대로 잘 만든 작품이라고 자부했지만 결과는 낙방이었다. 그때 대회에 응원하러 와준 한 친구가 내게 얘기해 줬다. 너의 노래를 들어보면 사랑을 한 번도 안 해 본 사람 같다고. 그때는 그 말에 속이 상했지만 곰곰이 생각해 보니 나는 사랑을 받으려고만 했고 주려고 하지 않았던 것 같다. 사랑의 진정한 의미를 몰랐던 것이다.

그렇게 세월이 흘러서 어느새 결혼도 하고 아이도 낳았다. 그러면서 사랑을 받을 때보다 베풀 때 기쁨이 크다는 것을 뒤늦게 깨달았다. 사랑을 베풀 때는 절대로 받을 것을 기대해서는 안 된다는 점도 말이다.

어떤 사람은 자신이 준 만큼 받으려고 한다. 그렇게 이해 타산적이어도 안 된다. 주는 것은 그냥 주는 것이다. 그것이 다른 누군가에게 운이 되는 것이고 그 운은 흐르는 것이다.

나는 업무를 살려서 재능 기부를 하고 있다. 몇 년 전에 회사 내에서 신입 사원 대상으로 마케팅 기본 강좌를 가르쳤다. 그때 교재를 구성하면서 어떻게 하면 수업 듣는 사람들이 재미있고 도움이 될까 고민했다. 이렇게 '기브'의 마음으로 자료를 만들어서 그런지 강의평도 좋았다.

물론 강의를 준비하면서 스트레스를 많이 받았다. 처음에 긴장도 많이 했고, 괜히 강사를 신청했다고 후회했다. 하지만 강의가 끝난 후 느낀 충만감은 매우 컸다. 내가 시간을 들여서 투자한 만큼 나도 공부할 수 있었고 수강생에게도 도움이 되었다. 어떤 수강생으로부터는 내가 가르친 강의를 통해서 회사에 대한 자부심도 느꼈다는 이메일도 받았다.

이렇게 내가 아는 경험이나 지식을 남들에게 전달하는 것이 메신저로서의 역할이다. 그 경험과 지식은 나에게 별 것 아닐 수 있지만 누군가에는 큰 도움이 된다.

1인 기업가들의 필독서로 주목받는《백만장자 메신저》의 저자 브렌드 버처드(Brendon Burchard)는 성공이든 실패든 나의 경험은 모두 소중하다고 강조한다. 그는 메신저의 의무를 다음과 같이 설명한다.

"당신이 힘든 시기를 헤쳐 나와 소중한 교훈을 얻었다면 그것을 다른 사람들에게 알려 그들이 나만큼 힘든 일을 겪지 않도록 돕는 것이 의무라고 생각하지 않는가."

이렇게 강연을 통해 기브(Give)하는 방법도 있지만 각자 자신만의 방식이 있다. 맛집 정보, 책에 대한 서평, 영화나 드라마에 대한 평, 육아 관련된 정보 등 모두 기브의 활동이다. 그러기 위해서는 나의 경험과 지식에 좀 더 의미를 두어야 한다. 나의 경험과 지식은 '기브' 활동을 통해서 마침내 '살아 있는 지식'이 되는 것이다.

아담 스미스(Adam Smith)는《도덕감정론》에서 다음과 같이 말했다. "인간이 아무리 이기적인 존재라 할지라도, 다른 사람의 운명에 관심을 갖게 하는 어떤 원칙이 인간의 본성에는 분명히 있다. 또 자신에게 아무런 이득이 없을지라도 다른 사람을 행복하게 만들어주고자 한다."

이렇게 우리는 누군가에게 베풀고자 하는 마음이 기본적으로 있다. 지금 내가 알고 있는 것을 남들과 함께 나누자. 앞서 언급한 바대로 우리가 착각하는 것 중의 하나는 우리가 알고 경험한 것이 별 볼 일 없다는 것이다. 하지만 절대 그렇지 않다. 아무리 사소한 것도 괜찮다. 기브는 새로운 인간관계를 만드는 가장 좋은 방법이다. 주는 것이 얻는 것이다.

나만의 생각과 함께
3장 되짚어보기

3-1 〈여전히 사람이 어려운 나와 당신에게〉

다양한 경험과 취미 활동을 통해서
나에게 맞는 인간관계 방식을 찾자.

3-2 〈나는 더 이상 명함을 모으지 않기로 했다〉

가치 있는 나만의 관계 구축이 중요하다.

3-3 〈당신이 올바르지 않은 인간관계에 있다는 증거 5가지〉

소통과 공감을 통해서 상대방을 이해하자.

3-4 〈도레미파솔라시도, 음악과 같은 인간관계 공식〉

다른 사람들과의 하모니뿐만 아니라 불협화음도
나의 성장을 위해서 받아들인다.

3-5 〈음식점 찾기 공부법〉

음식점에 대한 기록을 남기는 것은
나뿐만 아니라 남들에 대한 배려이다.

3-6 〈내 품격을 올려줄 멘토 만들기 작전〉

나만의 멘토 집단은 내가 힘들 때
나에게 이정표를 제시한다.

3-7 〈혼자 잘 노는 사람이 인간관계도 잘한다〉

혼자임을 인정하고 공부할 때
인간관계에서 여유를 찾는다.

3-8 〈때론 '후흑학'의 삼국지보다 동화책을 읽는 것이 낫다〉

삼국지는 우리가 지양해야 할
인간관계를 가르쳐준다.

3-9 〈Give is Gain, 주는 것이 얻는 것이다〉

베풂의 미학을 통해서
나의 품격과 인간관계를 구축한다.

4장

돈과 시간을 공부하다: 품격을 가진 사람만이 누릴 수 있는 돈쓰기/시간쓰기의 기술

4-1

돈을 벌기 위해 열심히 일을 해야 한다는 생각부터 버려라

영화 〈버킷리스트〉에는 가난하지만 한평생 가정을 위해 살아온 정비사 '카터'(배우 모건 프리먼), 억만장자이지만 괴팍한 성격에 주변에 친구가 없는 '잭'(배우 잭 니콜슨)이 나온다. 잭과 카터는 본인이 시한부 인생임을 알게 되어서 절망하지만 죽기 전에 버킷리스트를 달성하기 위해서 병원을 탈출한다.

우리가 꿈꾸는 은퇴 후의 핑크빛 삶(예를 들어서 바닷가 해변이나 골프장에서 유유자적하는 삶)은 우리를 기다려주지 않는다. 잭과 카터처럼 언제든지 암초를 만나고 좌초될 수도 있다.

하지만 우리의 삶은 어떤가? 아침에 출근해서 기계적으로 컴퓨터를 바라보고 이메일을 읽기 시작한다. 회사 식당이나 근처에서 사 온 샐러드, 빵, 우유를 마시면서 모니터를 바라본다. 밥을 먹는 순간조차도 모니터에서 눈을 못 떼고 일한다. 한국 사람들의 업무에 대한 몰입도와 열정은 전 세계에서 금메달감이다. 그런데 우리가 무엇을 위해서 이렇게 열심히 일하는지 생각해 보았는가? 대부분의 사람이 '돈을 벌고 행복하기 위해서'라고 할 것이다.

그렇다면 돈을 벌어서 무엇을 할 것인가? 집을 장만하거나 외제차, 멋진 옷, 벽걸이 TV 등을 사거나 자녀교육, 해외여행, 노후준비 등도 이유가 될 것이다. 그런데 사고 싶은 것을 다 사고, 하고 싶은 것을 다 했을 때 우리는 행복을 느끼는가?

농담처럼 이런 말이 있다. 1년 동안 기쁘려면 집을 사고, 한 달간 기쁘려면 자동차를 사고, 하루를 기쁘게 살고자 하면 새로운 신상(신제품)을 사면 된다고 한다. 하지만 그 순간에 느꼈던 기쁨과 행복은 영원하지 않다.

미국의 유명한 테니스 선수인 마르티나 나브라틸로바는 다음과 같이 말했다. "승리의 순간은 오로지 그 순간만을 위해 살기에는 너무 짧다." 그녀는 체코에서 망명한 선수로 1970년대 후반부터 1980년 초반까지 여자 테니스계에서 한 획을 그었다. 승리에 목말랐던 그녀조차도 승리의 기쁜 순간은 너무 짧고 그것이 인생에 있어서 전부가 아니라고 했다. 그래서 그녀의 삶 자체가 도전의 연속이었다. 그녀는 48세에 윔블던 단식 경기에서 최고령 승리의 기록을 세우고, 50세에 US 오픈 혼합 복식에서 우승을 끝으로 은퇴했다. 그녀에게 있어서 승리와 부는 한순간의 것이었고, 오히려 그 승리를 위한 과정과 자아실현이 더욱 중요했다.

물론 우리가 일하고 나서의 결과물인 돈은 중요하다. 《순수의 시대》라는 소설로 유명한 미국의 여류 소설가인 이디스 워튼(Edith Wharton)은 "돈 생각을 떨쳐내는 유일한 방법은 돈을 많이 갖는 것이다."라고 말했다. 돈이 없다면 지금 나는 따뜻한 집에서 커피를 마시면서 글을 쓰는 행위도 할 수 없다. 하지만 일을 하는 행위 자체가 오직 돈을 벌기 위한 것이라면 다른 얘기다. 돈이 목적이라면 내가 하는 업무가 정말 재미없다.

예전에 대학교 앞에 자주 다니던 조그만 가정식 식당이 있었다. 그 가게에서 먹는 김치볶음밥은 정말 일품이었고, 김치볶음밥에 섞여 있던 감자 맛은 지금도 생생하게 기억날 정도로 맛있었다. 가게 아줌마는 힘들게 조그만 가게를 꾸려나갔지만 항상 웃음을 잃지 않고 유머감각도 좋았다. 자연스럽게 학생들이 몰리고 가게의 규모가 커져서 나중에는 건물을 통째로 인수했다. 그분에게 돈은 당연히 필요한 것이었지만 사람들을 좋아하고 일 자체를 즐겼던 것 같다. 결국 이러한 좋은 기운이 사람들에게 전달되어서 운을 부른 것이다.

반면 요새의 많은 대형 음식점을 가보면 매뉴얼대로 서비스를 제공하고 그만큼의 금액을 청구한다. 서빙을 하는 직원도 매뉴얼대로 틀에 박힌 말을 할 뿐이다(물론 모든 직원이 그렇다는 것은 아니다). 일에 대한 즐거움은 별로 보이지 않는다. 나는 새로운 맛집을 찾는 것을 좋아하는데, 제일 먼저 보는 것이 사장님과 종업원의 태도이다. 긍정적이면서 자연스러운 미소를 보여주는 곳은 음식이 아주 맛있지는 않더라도 다시 찾게 된다.

돈을 벌기 위한 일이나 장사가 나쁘다는 것은 아니다. 내가 하는 일이나 장사, 사업을 즐기면서 자아를 실현하거나 완성해 간다는 것이 큰 의미가 있다. 자아실현은 '나에 대한 사랑'이 기본이 된다. 나를 사랑하고 내가 하는 일을 사랑하는 것이다. 그것이 아무리 단순하고 지루한 일이라도 의미를 부여해야 한다. 고인이 된 스티브 잡스도 "위대한 성취를 이루기 위한 유일한 방법은 그 일을 사랑하는 것이다."라고 했다.

지금 내가 하는 일은 어떤가? 영업, 마케팅, 개발, 생산, 관리, 경리 등 다양할 것이다. 나의 업무의 의미를 조금 더 깊게 생각해 보았는가? 상사가 시키는 일만 하고, 하루가 어서 끝나고 집에 가서 쉬거나 친구들과 술 한잔하고 싶은가? 월급날에 꼬박꼬박 들어오는 돈이 별로 감사하지 않고, 오히려 내가 회사에서 받는 스트레스나 노동의 강도에 비하여 급여가 너무 인색하다고 생각하는가?

앞서 언급한 영화 〈버킷리스트〉의 카터와 잭의 경우를 다시 한번 살펴보자. 카터는 가족을 부양하기 위해서 자신의 꿈을 마음대로 펼치지 못한 채 병에 걸리고 만다. 잭은 돈 귀신에 현혹되어 가족과 따뜻한 사랑을 못 나누다 결국 살날이 며칠 안 남게 된다. 하지만 이들은 시한부 인생을 살게 되면서 제일 중요한 것은 '돈'보다는 자신과 남을 사랑하고 자신이 하는 일에 의미를 부여하는 것이라는 것을 깨닫는다.

나는 마케팅 업무를 하기 때문에 수많은 데이터를 분석하고 보고서를 써야 하고 때로는 스트레스도 많이 받는다. 하지만 반도체 시장을 공부하고 많은 사람과 대화하고 소통하면서 나만의 노하우를 쌓아가고 있다. 보고서나 강연을 통해서 '기브'의 마음을 실현할 수 있어서 이것만큼 보람 있는 일도 없다고 생각한다.

단순히 돈을 벌기 위해서 열심히 일을 해야 한다는 생각은 잠시 접어보자. 지금 내게 주어진 일을 사랑하면 내 일에 대해서 더 관심을 갖고 공부하고 전문가가 된다. 나에게서 좋은 기운이 나오기 때문에 나의 회사생활에 긍정적인 영향을 주면서 돈은 자연히 따라온다. 물론 내가 하는 일이 너무 괴롭고, 아무리 사랑하려고 해도 짝사랑이 된다면 그만둬야 한다. 하지만 사랑이 이루어지지 않는다고 그 사랑을 너무 빨리 포기하면 안 된다. 그전에 내가 할 수 있는 노력은 해야 한다.

4-2

돈을 버는 사람이 아닌 돈을 끌어당기는 사람들의 차이

> "'장사 잘 되시나요?' 장사하는 사람들은 얼굴을 마주치면 하는 인사말이다. '네, 잘 됩니다.' 나는 활짝 웃어 보이며 인사를 했다. 장사 잘 되냐고 물어보면 거의 대부분의 가게들이 '요즘 장사 잘 되는 집이 있나요? 장사 안돼서 죽겠어요.'한다. 그러면 죽을 일만 생기는 것이다. '살겠다, 살겠다' 해야 살아난다. (중략) 소문이 나면서 고객은 더 많아졌다. 주위에서 〈수미사〉에 많은 관심을 갖고 있었다. 나는 그럴수록 입꼬리를 올리며 미소를 잃지 않았다. 아침이면 주위에 커피를 돌리며 인심을 후하게 썼다."
>
> *— 이순희, 《나는 동대문 시장에서 장사의 모든 것을 배웠다》 중에서*

스카프 장사를 통해서 부를 일구신 이순희 작가는 나의 작은 외숙모다. 많은 위인이 성공 스토리를 갖고 있지만 멀리서 찾을 것도 없이 주변에도 나만의 성공을 이룬 분들이 있다. 외숙모는 외삼촌의 사업 부도로 10년간 절망의 시간을 보낸 후에 다시 일어나야겠다는 생각으로 동대문에 입성해서 스카프 장사를 시작했다. 하지만 다른 상인들과는 다르게 제품과 서비스를 차별화하려고 끊임없이 노력했고, 우리가 쉽게 말하는 고객은 왕이라는 것을 몸소 실천했다.

주변에 이런 사람들이 있지 않은가? 썰렁한 가게에 들어갔는데 사람들이 우르르 들어오는 소위 '사람들을 끌어당기는 사람' 말이다. 우리 어머니가 그런 사람 중의 한 명이다. 어머니는 베푸는 것을 좋아하시는 분이다. 후배들에게 호프집에서 맥주를 사거나 시골에서 가꾼 농작물들을 마음껏 나누어 주고 기쁨을 느끼신다. 그래서 주변에서 따르는 사람들이 많고 그분들도 어머니에게 받은 것들을 공유해 준다. 자연스럽게 '부'의 선순환이 일어난다.

돈을 끌어당기는 사람이 또 있다. 내 일본인 친구 마사토는 동경에 이자카야를 세 군데 운영한다. 일본 동경에 갈 때마다 그의 가게에 들르는데, 가게가 마치 드라마 〈심야식당〉의 배경처럼 느껴진다. 그는 손님들과 스스럼없이 지내고 모든 단골손님의 이름을 다 알고 있다. 심지어 고객들의 결혼식에도 초대를 받는다.

하지만 그가 손님과 잡담을 나누는 와중에도 다른 손님들에게 소홀하지는 않는지 끊임없이 탐색하는 것을 보았다. 이러한 세심한 노력으로 그는 가게를 계속 확장할 수 있었고 막대한 부를 축적했다.

대부분의 사람들은 힘겹게 돈을 벌고 일확천금을 꿈꾼다. 주식을 한다든지, 리스크가 있는 암호화폐나 경마, 도박에 투자한다. 하지만 대부분 수익을 못 내고 자신의 신세를 한탄하면서 왜 나에게는 '금전운'이 없을까라고 생각한다. 그러면 우리에게는 정말 '금전운'이 없는 것일까? 지금부터 돈을 끌어당기는 아주 사소한 방법을 알아보자.

첫째, 나의 일을 사랑하고 '기브'의 마음이 있어야 한다. 《왜 그런지 돈을 끌어당기는 여자의 39가지 습관》의 저자인 와타나베 가오루는 이렇게 말했다. "주의할 점은 세상에 뭔가 가치를 제공하겠다는 마음을 가져야 한다는 것이다. 자신의 돈벌이만을 우선시한다면 지속적으로 수입이 이어지기는 어렵다. 나는 세상에 더 많이 공헌하는 '기브'의 마음이 있으면 돈은 더 증가한다고 믿는다." 즉, 베푸는 마음이 있어야 한다.

앞서 언급한 이순희 작가는 장사를 시작하기 전에 주변 상인들에게 커피 한 잔을 돌리고 웃음을 잃지 않았다. 그러면서 주변에서 인심을 얻었다고 한다. 인심을 얻게 되면 신뢰를 쌓을 수 있고, 거래하는 데도 많은 도움이 된다.

마사토도 자신의 일을 사랑하고 고객에게 자신의 진실한 마음을 '기브'하는 것이 느껴졌다. 그렇기 때문에 그의 가게에는 지친 영혼을 위로받기 위해 방문하는 손님들이 줄을 이었다.

둘째, 돈을 소중히 여겨야 한다. 우리의 조상은 돈을 금기(터부)시했다. 돈을 중시하면 경박하다고 여겼다. 하지만 경박한 돈을 우리는 매일매일 얘기한다. 누가 암호화폐로 돈을 벌었다거나, 잘 나가는 친구의 고액 연봉 얘기를 하면서 부러워한다. 미국 여배우인 레베카 존슨도 "돈은 날씨와 정반대이다. 누구나 돈 얘기를 꺼려 하지만 누구나 돈을 위해 무엇인가 한다."라고 말했다. 우리는 돈을 위해서 지금도 무엇인가를 하고 있다.

따라서 돈을 벌기 위해서는 '돈을 소중히 여기고 사랑해야 한다.' 물론 요새는 모든 돈이 디지털화되어서 직접 손으로 만질 일이 별로 없다. 하지만 내가 돈을 쓰는 행위를 하면서 그 돈의 소중함을 느끼는 것은 중요하다.

그렇다고 돈을 너무 소중히 여겨서 돈을 안 쓰고 인색하게 산다면 문제가 된다. 당장 나에게서 돈이 쌓이는 것이 보이겠지만 그 사람은 인심을 잃고, 돈의 선순환에서 배제된다. 스크루지 영감처럼 열심히 돈을 모아서 나의 부를 일굴 수 있겠지만 그 돈은 저승길 노잣돈밖에 안 된다.

셋째, 나만의 파이프라인을 만들어야 한다. 내가 받는 연봉뿐만 아니라 다른 금전적인 파이프라인도 확보해야 한다. 사소하게는 복권 한 장을 사는 것일 수도 있다. 《돈보다 운을 벌어라》라는 책의 김승호 작가는 봉급생활자는 봉급이 이미 정해져 있기 때문에 여가시간에는 운을 벌어야 한다고 말한다.

운을 벌기 위한 제일 좋은 투자는 '나'에게 투자하는 것이다. 건강에 관심이 있어서 요가 자격증을 딸 수도 있고, 외국어, 음악, 글쓰기, 커피 바리스타, 복싱, 골프, 부동산 등 다양한 공부가 있다.

나만의 파이프라인은 언젠가 나에게 돈이 되어서 돌아온다. 몇 년간 어학 공부에 투자했다면 해외 관련된 업무를 하거나 새로운 직장을 찾는 데 도움이 될 것이다. 부동산 전문가가 된다면 투자를 통한 수익도 얻거나 강사로 초빙받아서 강사료를 받을 수도 있다. 나의 건강에 투자하는 사람들은 나중에 발생할 수 있는 막대한 병원비를 아낄 수 있다.

《부자의 습관》의 저자인 가야 게이치 작가는 제대로 된 투자를 다음과 같이 강조했다. "부자가 되는 사람은 지출을 해도 단순한 지출로 끝내지 않습니다. 다음으로 이어지는 지출, 즉 투자를 합니다. 반면에 돈과 인연이 없는 사람은 단순히 지출만 반복합니다. 돈을 유용하게 쓸 수 있느냐, 없느냐의 차이라고 할 수 있습니다."

저자가 말한 바와 같이 우리는 가치 있는 곳에 돈을 써야 한다. 나에게 있어서 중요한 가치가 무엇인지 진지하게 생각하고 돈을 벌고, 투자해야 한다. 이렇게 돈을 사랑하고 '기브'의 마음으로 제대로 쓰면 돈을 버는 사람이 아닌 돈을 끌어당기는 사람이 될 수 있다.

4-3

꾸준함이 절호의 기회를 만든다

"어, 다리 많이 찢어지시네요. 나중에 할아버지 되면 완전히 쫙 찢어지겠네요."

PT (Personal Training) 선생님이 내가 스트레칭하면서 다리를 쭉쭉 펼치자 이런 말을 했다. 나는 키가 186cm이고 다리 길이만 거의 1m에 육박해서 하드웨어는 소위 '북유럽 급'인데 몸의 유연성은 '미라 급'이다. 한마디로 너무 뻣뻣하다.

하지만 이렇게 뻣뻣한 몸도 2년 넘게 스트레칭을 하니 조금씩 나아졌다. 물론 정상인의 수준이 되려면 아직도 갈 길이 멀지만 스트레칭하면서 허리 통증이나 다른 부상의 위험이 많이 사라진 것도 사실이다. 농담 삼아 내가 운동을 하는 것은 거의 재활 병원 다니는 것 같다고 했다. 스트레칭은 지금도 괴로운 순간이지만 꾸준히 하고 있다.

골프도 처음 레슨 받았을 때 몸이 너무 뻣뻣해서 희망이 별로 없다고 했다. 그런데 6개월이 지나고 나니 드라이버도 치고 퍼팅도 연습한다. 물론 새벽 6시 레슨이라서 골프 연습장 가는 것이 고역이었다. 아침마다 마음속으로 울면서 연습하러 갔다. 그런데 어느 순간 자세가 잡히기 시작하면서 점점 자신감도 생겼다. 골프가 시간과 돈을 투자해야 하는 운동이지만 골프를 시작하면서 좋은 점도 많았다. 예전에는 남들이 골프에 관한 이야기를 하면 한없이 작아졌지만, 이제는 이야기하는 주제의 범위도 넓어졌다.

비단 운동뿐만 아니라 모든 분야가 마찬가지다. 매번 회사 송년회에서 공연할 때마다 다른 사람들은 피아노를 치는 나를 보며 부럽다고 한다. 그래서 한번 배워보라고 권하면 대부분 늦었다고 한다. 사실 하루에 10분만이라도 피아노를 연습하면 3개월, 6개월 후에 적어도 가요 반주 정도는 하면서 노래를 부를 수 있다.

그런데 이렇게 노력을 이어 간다는 게 쉽지는 않다. 주변에 방해요소가 너무 많다. 친구들과의 약속, 과음, 야근 등으로 인해서 집에 가면 그냥 쓰러지기 일쑤이다. 아니면 드라마나 영화를 보면서 아무 생각도 하기 싫다. 심리학적으로도 이런 '보상 심리'가 모든 사람에게 있다고 한다.

할리우드의 대표적인 액션 배우인 윌 스미스는 최고의 자리에 오른 비결을 묻는 질문에 이렇게 대답했다. "내가 남들과 확실히 다른 점이 있다면 러닝머신 위에서 죽는 것도 두려워하지 않는 자세뿐입니다. 나보다 운동을 많이 하는 사람은 없을 것입니다. 물론 나보다 재능이 많은 사람, 똑똑한 사람, 성적 매력이 넘치는 사람들이 있겠죠. 하지만 나와 함께 러닝머신에 올라간다면 그 사람이 먼저 기권하거나 내가 죽거나 둘 중의 하나입니다.”

나는 윌 스미스처럼 미련한 곰 같은 지속성으로 재즈 밴드를 결성해서 활동했고, 재즈페스티벌에서도 공연하고, 앨범도 가내수공업이지만 발매를 했다. 중국어도 2급을 따기 위해서 3년간 30회 이상의 시험을 치렀다. 스트레칭하고 근육 운동을 꾸준히 하니 미라 같은 몸이 움직이기 시작했고, 40세가 넘었지만 적어도 근육량 감소는 아직 없다. 이제는 매일 글을 쓴다. 자신의 얘기를 뱉어내고 책을 읽는 것은 삶을 훨씬 풍족하게 하고 사고의 깊이도 더욱 깊게 만든다. 명상도 꾸준히 하면서 자신을 돌아보고 영혼의 목소리를 듣기 위해서 노력한다.

《그릿》이라는 책에서 저자인 앤젤라 더크워스(Angela Duckworth)는 이런 꾸준함과 재능보다 중요한 ‘노력’을 강조한다. 하지만 내가 윌 스미스 같은 정신력이 없다면 평소 귀차니즘을 어떻게 극복할까? 나만의 노하우를 공개한다.

첫째, 나를 속박시킨다. 나도 유혹에 약하다는 것을 알기 때문에 일부러 정해진 시간에 레슨을 받고 외국어를 공부할 때는 시험 일정을 먼저 잡는다. 이런 강제적인 속박이 아니면 의지가 약한 사람은 무언가를 지속하기 힘들다. 하지만 어느 임계점을 넘어서면 탄력이 생기게 마련이다. 그것이 일주일, 보름이 될 수도 있지만 심리학적으로는 66일이 필요하다고 한다. 따라서 이 단계가 되면 굳이 강요 안 해도 자연스럽게 습관처럼 하게 된다. 그러나 66일이 넘었다고 마음을 놓아서는 안 된다. 앞서 언급한 바와 같이 무의식을 의식으로 바꾸기 위해서는 100일 이상의 노력이 필요하다.

둘째, 완벽주의를 버리고 무조건 시작한다. 다작 작가이자 영화감독인 우디 앨런(Woody Allen)은 과거 젊은 작가들에게 이렇게 조언했다. "내가 지켜보니까 작가가 꿈이라고 말하지만 첫 단계에서 실패하고 실제로는 희곡 한 편, 책 한 권 쓰지 못하는 사람이 대다수입니다. 이에 비해, 일단 희곡이나 소설 한 편을 실제로 완성한 사람은 뒤이어 연극으로 상연하거나 책으로 출간하더군요."

그래서 '늦었다고 생각하면 진짜 늦은 것'이 되어버린다. 그러나 결코 늦은 것이 아니다. 만약 한국의 테니스 선수인 정현 때문에 테니스가 치고 싶어졌다면 당장 테니스 라켓을 사고, 동네 테니스 코트나 문화 센터에 레슨을 등록하고 배우면 된다. 내가 정현과 같은 테니스 선수가 될 수는 없지만 일단 첫걸음을 떼는 것이 중요하다.

셋째, 가장 중요한 것은 내가 하는 일과 공부에 대한 사랑이다. 내가 일이나 공부를 사랑하지 않는다면 결코 꾸준히 할 수 없다. 미국 작가인 앤드류 매튜스(Andrew Matthews)도 다음과 같이 말했다. "누군가 해야 할 일이라면 내가 하고, 내가 해야 할 일이면 최선을 다하고, 어차피 해야 할 일이면 기쁘게 하고, 언젠가 해야 할 일이면 바로 지금 하라."

그러한 사랑을 바탕으로 꾸준히 했을 때 비로소 행복을 느끼고 나에게서 변화가 찾아온다. 그리고 그 변화를 통해서 기회를 잡을 수 있다. 기회는 업무에 대한 것일 수도 있고, 다른 분야에서도 찾아올 수 있다.

100세를 앞둔 노 교수님의 글이 화제다. 그는 건강을 위해서 60세부터 수영을 시작했다. 그 후로 약 40년간 수영을 했다고 한다. 그는 연세대 김형석 명예 교수이다. 이렇게 60세가 되어서 자신만의 운동을 시작한 교수님도 있다. 누구도 아직 늦지 않았다. 이러한 꾸준함은 나에게 기쁨도 중요하지만 기회를 만들어준다.

세계적인 축구 스타 박지성 선수가 누구보다 열심히, 그리고 꾸준하게 운동장에서 뛰었기 때문에 허정무 감독의 눈에 띄고 히딩크 감독에게도 발탁될 수 있었다. 결국 그는 그 누구보다 많은 명예와 부를 움켜쥘 수 있었다.

이제 내가 좋아하고 꾸준히 할 수 있는 일을 한 번 찾아보자. 완벽주의는 버리고, 지속적으로 하자. '일단 출석만 하면 8할은 성공이다'라는 말이 있다. 꾸준함은 나에게 반드시 기회를 가져오고 자연스럽게 금전적인 운으로 연결된다.

4-4

인생의 목적과 수단을 절대 혼동하지 마라

영화 〈어벤져스: 인피니티 워〉와 〈가디언즈 오브 갤럭시〉에 출연하는 '로켓'이라는 너구리는 귀여운 외모와 달리 성격이 거칠고 말도 걸걸하다. 그는 오직 돈만이 인생의 목적이라고 말한다. 하지만 그는 위기의 순간에 팀을 위해 싸우는 의리파다. 그에게 진정한 인생의 목적은 무엇일까?

루게릭 병을 앓다가 타계한 천재 과학자 스티븐 호킹(Stephen Hawking)은 "일은 당신에게 의미와 목적을 제공한다. 일이 없다면 삶은 허전하다."라고 했다. 그는 우주를 통해 세상의 진리를 밝혀내는 것이 삶의 목적이었고, 그것을 이루기 위해서 병마를 이겨내고자 했다.

유명한 전설적인 복서인 필리핀의 매니 파퀴아오는 《목적이 이끄는 삶》(릭 워렌 목사)이라는 책을 읽고 너무나 많은 죄책감을 느껴서 권총으로 스스로 삶을 마감하고 싶었다고 한다. 그는 물질적인 것이 사람을 만족시킬 수 없다는 것을 깨달았고, 매일 가족과 성경을 읽고 묵상을 한다고 한다.

이러한 삶의 자세도 바람직하지만 인생에서 물질적인 것, 즉 돈을 제외하면 안 된다. 인생에 있어서 중요한 것이 '부자가 되는 것'이기 때문이다. 아니라고 부정해도 우리는 알게 모르게 돈을 위해서 살고 있다. 자녀들을 가르치는 것도 우리가 열심히 일하는 것도 결국 돈을 모아서 편하게 살고자 하기 위함이다.

단 '왜 돈을 많이 벌어야 하는지'에 대한 목적과 이유가 분명해야 한다. 그렇지 않다면 돈의 노예가 되어서 돈을 '제대로 쓰지 못하고' 한 푼이라도 더 벌려고 평생 아등바등 살게 된다.

젊은 시절 나에게 돈이나 명예라는 것은 삶에 큰 동기부여가 되지 않았고, 삶의 목적을 찾아서 오랜 시간을 방황했다. 힘들게 대학에 입학하니 전공이 맞지 않았고, 내가 진정 원하는 것을 찾기 위해서 다양한 경험을 해 봤다. 커피숍, 비디오 가게, 호프집 아르바이트, 과외선생, 학원 강사 등 많은 일을 해 보고, 뮤지션이 되기 위해서 휴학도 했다. 하지만 그다지 행복하지 않았고, 인생의 목적에 대한 해답을 찾지 못했다.

이와 같이 자신만의 목적을 찾기 위해서는 가만히 있으면 안 된다. 찾으려고 노력해야 한다. 미국의 저명한 심리학자인 에밀리 에스파하니 스미스(Emily Esfahani Smith)는 TED 강의에서 행복보다 중요한 건 '자기 삶의 의미를 찾는 것'이라고 말했고, 이러한 의미 있는 삶을 살기 위해서는 '노력'이 필요하다고 말했다.

이렇게 젊은 시절 끊임없이 고민하고 나이가 들면서 어느 순간 '참된 인생의 목적'을 깨닫게 되었다. 그것은 누구처럼 폭포 밑에서 수련하면서 번개처럼 각성한 것이 아니고, 서서히 내 앞에 있던 안개가 걷히는 것처럼 찾아온 깨달음이다.

나에게 있어서 인생의 목적은 좋아하는 일과 공부를 하면서 돈을 벌고, 남들에게 기브를 통해서 삶의 의미와 가치를 느끼는 것이다. 영원히 행복할 수 있는 판타지 월드나 무릉도원은 없고, '지금, 이 순간'을 행복하게 사는 것이 중요하다.

그렇다고 현재에만 집중해서 무계획적으로 살자는 것은 아니다. 나의 미래를 위한 금전적인 계획도 필요하다. 먼저 내가 한평생 벌 수 있는 돈을 계산해 보자. 부동산이나 주식 등의 변수가 아니라 월급이나 연봉으로 시뮬레이션을 하자. 그렇게 하면 내가 평생 벌 수 있는 금액을 유추할 수 있다. 1억원, 10억원, 또는 수십억 원이 될 수도 있다.

이렇게 평생 모을 돈을 계산해 보면 앞으로 이 돈을 어떻게 사용해야 할지에 대한 해답이 나온다. 돈은 나의 꿈을 이루게 해주기 위한 강력한 수단이기 때문이다.

부자가 되기 위해서 먼저 부자는 '탐욕스럽다', '인색하다'라는 안 좋은 의식은 버리고 '돈'을 내 것으로 받아들여야 한다. 《백만장자 메신저》의 저자 브렌드 버처드는 돈에 대해서 다음과 같이 말한다.

"돈에 관한 자신의 관점이나 개인적 목표를 진지하게 재검토해 봐야 한다. 더 많은 사람들을 돕고 그 결과 더 많은 돈을 벌고자 하는 원대한 비전을 갖고 있다면 당신이 이제까지 부모님, 지역사회, 언론매체로부터 돈에 대해 배운 것들은 더 이상 적절하지 않을 수 있기 때문이다."

페이스북의 설립자인 마크 저커버그는 모교인 하버드 대학에서 명예박사 학위를 받을 때 다음과 같이 말했다. "내가 삶에서 원하는 것은 회사를 차리는 게 아니라 뭔가 사회에 의미 있는 영향을 끼치는 것입니다. 그게 제 삶의 일차적 목적입니다." 그에게 있어서 돈은 인류의 행복과 평화를 위한 수단인 것이다. 즉, 돈은 어려운 이들을 돕기 위한 '힘'이 되고 선한 목적을 위해서 사용된다.

테레사 수녀는 평생을 가치 있는 삶을 목적으로 살았다. 그녀에게 있어서 '돈'은 그 가치를 실현하기 위한 수단이었다. 자신의 삶은 무소유의 인생이었지만 남들을 위해 더 많이 베풀기 위해서 자금 운용에서도 수완을 발휘했다. 일례로 로마 교황으로부터 롤스로이스 승용차를 감사의 선물로 받자, 이를 그냥 현금으로 바꾸지 않고, 복권으로 판매함으로써 이보다 훨씬 더 많은 돈을 모았다고 한다.

이렇게 거창한 목적이 아니더라도 현재의 기쁨을 위해서 나의 경험에 돈을 투자하는 것도 가치 있게 돈을 쓰는 것이다. JTBC 예능방송 〈효리네 민박〉에서처럼 제주도의 아름다운 풍경을 바라보고 요가를 하고 음악을 듣고 연주하면서 사는 것은 진정 즐겁고 행복한 경험일 것이다. 물론 이러한 삶을 살기 위해서는 '돈'이 필요하고 부자가 되어야 한다. 단, 지금의 쾌락을 위해서 인터넷이나 스마트폰으로 쓸데없는 물건들을 사는 것이나 나의 형편을 넘어서도록 경험에 소비하는 것은 낭비이고 쾌락의 행위이다.

따라서 돈이 인생의 목적이 아니라는 상투적인 말보다는 돈이 나의 인생에 있어서 소중한 존재이고 나의 가치를 실현하기 위한 강력한 도구라고 말하자. 그 꿈을 실현하기 위해서 그냥 부자가 아닌 아주 큰 부자가 되어야 한다. 《백만장자 시크릿》의 저자 하브 에커(Harv Eker)가 말한 바와 같이 부자가 되기 위해서 선언하자. 가슴에 손을 얹고 말하자. "나의 경제적인 성공은 내가 만든다!" 머리에 손을 대고 말하자. "나는 백만장자 마인드를 가졌다!"

이제는 돈을 쓰는 방법에 대해서 좀 더 깊게 알아보자.

4-5

어떻게 버느냐가 아닌 어떻게 쓰느냐

"스크루지 씨, 돈에도 품격이 있다는 말을 어떻게 생각하세요?"

"돈은 돈 일뿐인데, 무슨 품격이 있어? 비싼 밥 먹고 미친 것 아냐?"

돈에도 '품격'이 있다. 돈은 어떻게 쓰느냐가 중요하다. 돈도 하나의 생명체이기 때문에 그 돈이 흐르면서 사람들에게 귀중한 자원이 된다. 우리 주변에는 젊은 시절 고생을 많이 했지만 나중에 부를 일궈서 다른 사람들을 돕는 훌륭한 사람들이 있다.

반면, 조선 시대의 선조들은 사공농상(士農工商)이라고 해서 돈을 다루는 상인을 가장 밑에 두었다. 양반이 기생에게 팁을 줄 때 젓가락으로 돈을 주었는데 이를 '젓가락돈'이라고 한다. 그만큼 '돈'은 터부시되었다.

시대는 변했다. 6.25 전쟁 전후의 처절함을 겪은 우리나라는 '돈이 곧 인격'이라는 말이 생길 정도로 떠받드는 존재가 되었다. 드라마 〈쩐의 전쟁〉에서 악덕 사채업자인 마동포(배우 이원종)는 "법보다 주먹, 주먹보다 쩐이 앞서는 세상"이라고 말했다. 쩐(돈)이 앞서는 세상에서 살아남기 위해서 우리는 로또, 가상화폐, 주식, 부동산 등 모든 방법을 총동원하여 돈을 모으려고 한다. 이런 상황이다 보니 돈에 대한 안 좋은 이미지가 생겼다. 특히 부동산으로 돈을 번 사람들이 늘어날수록 상대적으로 박탈감을 느끼는 사람들이 부자에 대한 부정적인 이미지를 갖게 된다.

얼마 전 회사 헬스장을 가보니, PT 선생님들이 4~5명으로 평소보다 훨씬 많이 보였다. 이유를 물어보니, 요새 직장인들이 자기 몸 관리를 많이 하면서 PT에 대한 수요가 늘고 있다고 한다. PT 비용은 절대 싸지 않다. 시간당 적어도 4~6만 원을 지불해야 한다.

혹자는 돈을 낭비한다고 생각할 수 있지만, 직원들이 자신의 소중한 돈으로 건강을 위해서 투자하면, 트레이너분들도 식당이나 옷 가게에서, 또는 개인 취미(적어도 암호화폐에 투자하지 않는다면) 등에 소비할 것이다. 그러면 이것이 바로 돈의 아름다운 순환이다. 즉, 돈이라는 것을 통해서 우리는 다른 누군가를 충족시키거나 베풀 힘이 생긴다.

그렇다면 우리는 돈을 어떻게 써야 할까? 돈을 쓰는 아주 사소한 공부법을 배워보자.

"아니 '돈 버는 공부'가 아닌 '돈 쓰기 공부'라고요?"

이렇게 다소 실망을 하시는 분들이 있을 것 같다. 물론 돈을 버는 방법은 여러 가지가 있다. 앞서 언급한 바와 같이 나에 대한 투자도 있고, 부동산 투자, 주식 투자, 각종 재테크 등이 그것이다. 하지만 돈 버는 것만큼, 쓰는 것도 아주 중요하다. 돈을 잘 쓰면 나도 행복하고, 남도 행복하고, 쓰는 것만큼 나에게도 돈이 돌아온다고 믿는다. 내 주변에는 마치 '돈 귀신'이 들린 것처럼 돈은 많이 벌지만 절대로 다른 사람들을 위해서 쓰지 않는 분들이 있다.

먼저 아무리 사소해도 베푸는 습관을 들이자. 나는 회사에서 소소하게나마 베풀고 있다. 부서 후배 사원들한테 가끔씩 커피나 간식을 사고 있다. 후배들도 상금을 받거나 좋은 일이 있으면 커피나 간식을 산다. 아주 작은 행위이지만 우리 부서에 정착된 나눔의 현장이다. 물론 어머니에 비하면 소심한 돈 쓰기이다.

어머니는 전원주택에서 수확한 농산물들을 이웃에게 그냥 나누어 주면서 베푼다. 그리고 주변 사람들에게서 인심을 얻고 도움을 받으실 때도 있다. 30년 넘게 조상을 위해서 넉넉히 제사 음식을 준비하고, 형편이 별로 안 좋으신 아버지 형제/자매들에게도 용돈을 드리고는 했다. 이렇게 남들을 위해서 돈을 쓰는 것이 당장 나에게 되돌아오지는 않더라도 덕을 쌓으면 언젠가는 나에게 '운'이 되어서 돌아온다.

둘째, 나 자신의 발전을 위해서 돈을 쓴다. 이왕이면 '기브'의 마음이 들어가면 더 좋다. 나는 그동안 음악, 골프, 글쓰기, 책, 중국어, 일본어 등 각종 공부에 돈을 지출했다. 하지만 이러한 배우기는 나에게 끝난 것이 아니고, 다른 이들에게 나누어 줄 수 있다.

예를 들어 후배들 결혼식 때 축하 연주를 할 수 있었고, 회사 송년회 때도 직원들에게 좋은 음악을 들려줄 수 있었다. 책을 산다면, 작가와 출판사 직원, 그 가족에게 돈을 드릴 수 있고, 그들도 다른 이에게 돈을 전달할 것이다. 내가 수강한 어학 과정은 그 학원에서 일하는 직원, 그 가족, 그리고 아르바이트하는 학생들에게 희망을 주고, 또 다른 사람들을 위해서 돈을 소비한다. 그렇게 '돈의 흐름'은 이어진다.

셋째, 좋은 물품을 구입한다. 물건도 좋은 것과 나쁜 것이 있다. 나는 옷, 자동차, 명품, 기타 장신구에는 그다지 관심이 없다. 내가 어떤 유명 브랜드 옷을 입든, 벨트를 차든 남들은 그다지 신경 쓰지 않는다(아마 아부를 하고 싶은 직원들은 그 점을 놓치지는 않을 것이다). 그냥 오래 입고, 신고, 튼튼할 것을 고른다. 명품도 장점이 많다. 미국에서 페라가모 구두를 할인가(90달러)에 구매하여 약 10년간 신었던 기억이 난다. 고가로 구입한 맥북 프로노트북은 내가 음악을 만들고 글을 쓸 수 있게 해 주는 소중한 제품이다. 예쁘고 값어치가 있는 찻잔을 사면 커피나 차 한 잔을 마시면서 행복을 느낀다.

반면 너무 싼 옷이나 물품을 구매하는 것은 그다지 바람직하지 않다. 제품의 내구성도 의심이 가지만 싸게 구입한 물건을 가볍게 보는 경향이 있다. 집에서 굴러다니는 헤드폰, 인터넷 쇼핑에서 구입한 좌

욕기, 어깨 펴준다는 밴드 등 각종 매체에 꾀어 산 물품들은 나쁜 물건이다. 즉, 돈을 낭비하는 것이다. 이렇게 우리는 나이가 들수록 본인이 필요한 물건과 아닌 물건이 무엇인지 알아야 한다.

중국 속담에는 다음과 같은 말이 있다. "돈을 버는 것은 바늘 하나로 일하는 것처럼 느리다. 그러나 지출은 모래가 빠져나가는 것처럼 빠르다." 따라서 돈을 함부로 쓰면 안 된다. 그렇다고 무조건 허리띠를 졸라매라는 것은 아니다.

나에게 있어서 돈 쓰기에 대한 철학은 내가 행복하고, 남에게도 가치(Value)를 제공하는 것이다. 이러한 돈 쓰기를 통해서 나만의 '돈의 품격'을 완성할 수 있다. 지금부터라도 내가 돈을 제대로 가치 있게 쓰는지 살펴보도록 하자.

4-6

‘시간은 돈이다’라는 말의 깊은 뜻

“경험을 현명하게 사용한다면, 어떤 일도 시간 낭비는 아니다.”

— *오귀트프 르네 로댕*

“죽음은 삶이 만든 최고의 발명품”

— *스티브 잡스*

“여가시간을 가지려면 시간을 잘 써라.”

— *벤저민 프랭클린*

많은 위인이 시간의 중요성을 강조하고 시중에는 시간과 관련된 책이 넘쳐난다. 인터넷 교보문고에 ‘시간’이라는 검색어를 입력하면 국내 도서만 6,069권이고, ‘시간 관리’만 찾아봐도 308권이다. 《나는 4시간만 일한다》, 《하루 1시간 인맥 관리》, 《1만 시간의 재발견》 등 다양하다. 심지어는 아이들의 시간 관리에 대한 책도 즐비하다.

시간이 중요한 이유가 무엇일까? 바로 우리의 삶이 무한하지 않기 때문이다. 만약 '불로장생'의 삶을 산다면 시간을 관리할 필요가 없다. 하지만 우리는 시시각각 죽음을 향해 걸어가고 있다. 인도의 위대한 정신적인 지도자 마하트마 간디는 '삶은 죽음에서 생긴다'라고 말했다. 즉, 죽음이 있기 때문에 삶은 소중하다.

하지만 대부분의 사람은 시간을 흘려보낸다. 왜냐하면 죽음이라는 것은 아주 멀리 있어 보이고, 나에게 절대 일어나지 않을 것 같기 때문이다. 그래서 시간 관리법을 잘 알려주는 좋은 책을 읽어도 곧 잊게 된다. 의미 없는 인터넷 사이트를 검색하거나 중요하지 않은 이메일을 읽고 있는 자신을 발견한다. 그러다가 가까운 지인의 장례식장을 갔다 오면 인생의 허망함을 깨닫고, 앞으로는 좀 더 의미 있게 가족과 시간을 보내고, 나의 발전에 투자해야겠다는 각오를 한다.

하지만 길어야 3일이다. 아무리 좋은 시간 관리법을 배우더라도 막상 현실에 적용하다보면 종종 잊게 된다. 인간은 망각의 동물이어서 무의식적인 습관이 자신도 모르게 다시 튀어나오기 때문이다.

"Time is Money."라고 벤저민 프랭클린이 말했다. 우리가 시간을 어떻게 쓰느냐에 따라서 나에게 돈이 될 수도 있고 안 될 수도 있다. 회사에서 주어진 8시간을 사용하는 방법도 다양하다. 우리는 대부분의 시간을 이메일을 읽는 데 소요한다. 내가 하루에 처리하는 이메일이 어느 정도인지 세어 보자. 50개 또는 그 이상일 수도 있다. 심지어 회의 시간에도 스마트폰으로 처리 못 한 이메일을 확인한다. 스마트워치와 연동되어 있다면 언제든지 이메일의 도착 알람을 받는다. 아무래도 중요한 업무에 대한 집중도가 떨어질 수밖에 없다.

여러 기업이 테크 프리를 실행하면서 업무의 집중도와 효율성을 높이려 한다. 소프트웨어 개발업체인 멘로이노베이션은 직원들 사이의 메신저나 이메일을 금지시키고, 칸막이 없는 사무실에서 직원들이 함께 일한다. 이 회사의 공동 창업자는 '직접 대화는 가장 빠른 기술'이라고 했다.

버진 매니지먼트라는 회사는 매주 수요일 오후 한 시간 동안 이메일을 차단한다고 한다. 이렇게 많은 회사가 앞장서서 직원들의 일하는 방식을 관리하는 것은 시간을 효율적으로 사용하기 위함이다. 그것은 시간이 결국 '돈'으로 연결된다는 것을 인지했기 때문이다. 의미 없는 일로 시간을 낭비한다면 회사의 생산성이 떨어진다.

나의 시간 관리뿐만 아니라 남의 시간 관리도 중요하다. 대부분의 사람들은 내 시간이 중요하고, 남의 시간은 그다지 신경을 안 쓰는 경향이 있다. 회사에서 주간 40시간 근무가 정착화되면서 1분 1초가 어느 때보다 중요하다. 만약 어떤 사람의 연봉이 1억원이라면 그 사람의 1분은 800원이다. 10분이면 8,000원이다. 1시간이면 48,000원이다. 결코 적은 돈이 아니다.

나는 보통 회의 시작하기 10분 전에 미리 가서 회의를 준비하고, 중요한 회의는 30분 전에 미리 가서 준비해야 마음이 편하다. 그래야 시간을 낭비할 수 있는 리스크를 방지할 수 있기 때문이다. 또한 회의는 최대한 효율적으로 빨리 끝내려고 노력한다. 물론 충분한 논의는 필요하지만 쓸데없는 논의는 아까운 시간을 낭비할 수 있다.

예전 상사는 출장 다닐 때 극도로 시간 관리에 민감했다. 특히 미국이나 영국 등 외국에 갈 때 교통상황을 잘 알 수 없어서 각 미팅지 사이에 이동시간, 경로 등을 시뮬레이션하지 않으면 안 되었다. 당시에는 굉장히 피곤한 일이었지만 생각해 보면 그것도 '시간이 돈'인 바쁜 고객들을 배려한 행동이었다.

성공한 사람들이 시간 관리를 위해서 극단적으로 자신을 몰아가는 경우는 종종 보인다. 아인슈타인, 스티브 잡스나 마크 저커버그는 항상 같은 스타일의 옷을 입는다. 하루에 해야 할 결정이 너무나 많기 때문에 적어도 어떤 옷을 입을지 결정하는 데 시간을 쓰고 싶지 않기 때문이다. 그렇다고 이들처럼 매일 같은 옷을 입고 다니라는 얘기는 아니다. 이들을 흉내 낸 건 아니지만 나도 한 가지 스타일의 옷은 5일간 입는 경향이 있다. 물론 고깃집에 다녀와서 냄새가 심하게 나지 않는 경우에 한해서다.

마크 저커버그는 다음과 같이 말했다.

"진정 뭔가 변하는 걸 보고자 한다면 능동적으로 추진하는 사람이 돼야 한다. 내 시간을 남의 일에 쏟기보다는 내가 성취하고자 하는 일에 능동적으로 투입해야 한다."

이렇게 선택과 집중이 필요해야 아웃풋이 나오게 마련이다.

따라서 하루에 1시간만이라도 나 자신을 위해서 투자하도록 하자. 그것이 저녁 1시간이 될 수도 있고 새벽이 될 수도 있다. 나는 보통 새벽에 집중이 잘 되기 때문에 아침 5시 반에 기상해서 차 한 잔을 마시면서 독서를 하거나 글을 쓴다. 이렇게 아침 시간을 보내고 출근하면 마음이 뿌듯하다. 나처럼 '개미병(病)'에 걸리지 않았더라도 최소한 나만의 시간을 1시간 갖는 것과 안 갖는 것은 다르다. 그 시간이 모여서 1,000시간이 되고 10,000시간이 된다.

인간은 망각의 동물이지만 습관의 동물이기도 하다. 내가 배운 것은 계속 쌓이면서 누적이 된다. 이렇게 쌓인 나만의 전문지식은 '돈'으로 바꿀 수 있다. 앞서 언급한 대로 부동산 투자가 목적이라면 부동산 투자나 경매 관련된 공부를 하고, 주식 투자가 목적이라면 관련된 책이나 인터넷 강의를 들으면서 공부하면 된다.

나는 외국어 공부, 글쓰기, 강의 등에 관심이 많다. 주로 내가 관심 있는 분야에 시간을 할애한다. 이렇게 힘들게 매일 새벽에 일어나서 공부하는 것은 무엇 때문일까? 그것은 내가 공부하는 이유의 근본은 '나와 남의 행복'에 있기 때문이다. 그 행복을 위해서 시간을 투자하면 그만큼 나에게 돌아오기 마련이다. 정말로 시간은 '돈' 그 자체다.

4-7

성공하는 사람들은 절대 밤을 새워서 일하지 않는다

학창 시절에는 '벼락치기'라는 말이 유행이었다. 국어사전에서는 벼락치기를 '임박하여 급히 서둘러 일을 하는 방식'이라고 설명한다. 즉, 시험일 전날에 한 번에 몰아서 공부하는 것이다. 학창 시절에 머리띠를 싸매고, 독서실, 집에서 커피를 마시면서 밤을 새워서 공부한 경험이 대부분 있을 것이다. 그러다 보면 코피를 흘린 적도 있고, 그래야 정말 공부를 한 것 같다는 생각도 들었다.

하지만 이런 공부의 효과는 대개 짧다. 내가 학습한 기억은 길어야 일주일을 가지 않는다. 에빙하우스(Hermann Ebbinghaus)의 망각의 곡선에 따르면 학습 후 기억은 1시간 뒤에 50%, 하루 뒤에 70%, 한 달 뒤에는 80%를 잊게 된다고 한다.

회사에서도 마찬가지로 벼락치기가 있다. 예전에는 보고서를 다음 날 완성해야 하는 경우 밤을 새워서라도 해야 했다. 요즘에는 주

40시간, 최대 52시간의 근무제를 지키기 위해서 주어진 시간을 최대한 효율적으로 쓰는 것이 큰 화두이다.

찰스 다윈(Charles Darwin)은 어린 시절 '포코 쿠란네(부주의한 게으름뱅이)'라고 불리며 문제아 취급을 받기도 했지만, 그는 평생 일과 휴식이 조화를 이룬 삶을 살았고, 뛰어난 연구결과를 발표하였다. 특히 중년 이후 그는 휴식을 아주 중요한 규칙으로 삼았다. 그는 하루 90분씩(오전 2번, 오후 1번) 총 세 차례 연구에 몰두했다. 고작 하루 4시간 30분 일을 하는 스케줄로《인간의 유래》,《종의 기원》과 같은 19권의 대작을 집필했다.

우리의 뇌는 가끔 쉬어주는 게 좋다. 한 번에 너무 무리하면 정상적인 판단을 할 수 없고 그 일에 집중할 수 없기 때문이다. 내 회사 후배 중에는 퇴사 후 파일럿이 된 친구가 있다. 그는 여객기 부기장인데, 비행시간이 고단하기는 하지만 회사에서 휴식 시간을 충분히 제공해 준다고 한다. 왕복으로 장거리 비행할 경우 대기 파일럿을 태워서 회항 시에는 조종사를 바꾼다고 한다. 안 그러면 잘못된 판단으로 대형사고가 발생할 수 있기 때문이다.

나는 광역버스를 타고 서울로 가다가 큰 추돌 사고를 경험한 적이 있다. 운전사 얘기로는 갑자기 다른 버스가 끼어들었기 때문이라고 하지만 아무래도 피로가 누적되어서 정상적인 판단을 못 한 것 같다. 그때 사고로 많은 승객이 다쳤다. 휴식 없는 피로 누적으로 인한 한 번의 잘못된 판단이 큰 인명피해를 일으킬 수 있다.

퓨처리스트인 알렉스 수정 김 방 작가는 다음과 같이 휴식의 중요성을 강조하였다.

"우리 뇌는 무언가 골똘히 생각하는 것이 없을 때 '디폴트 모드 네트워크(DMA)' 상태에 들어간다. 이 상태에서는 뇌가 불필요한 정보를 정리하면서 저장 공간을 늘리기 때문에 창의력이 생기고 집중력도 높아진다."

휴식을 통해서 우리는 창의력과 집중력을 극대화할 수 있다. 나도 회사 업무를 하다가 머리가 아프면 일단 일어나서 주위를 걸어 다닌다. 점심시간에는 헬스장에 가서 스트레칭, 요가나 걷기, 뛰기 등 운동을 한다. 피곤할 때는 명상 음악을 듣고 5분 정도 눈을 감는다. 나의 뇌를 쉬게 해 주면 갑자기 무언가 뇌리를 스치는 것이 있다. 그것이 업무에 대한 아이디어나 어떤 깨달음이 될 수 있다. 그럴 때는 항상 스마트폰에 메모해 둔다.

아마존의 CEO인 제프 베조스는 전 세계 최고 부호이면서 가장 바쁜 사람 중 한 명이다. 아마존이라는 회사의 사업 규모와 그의 일에 대한 열정을 생각하면 매일 밤을 새울 것 같다.

하지만 그는 밤 10시에 취침하고 알람시계 없이 매일 아침 자연스럽게 잠에서 깬다. 그리고 가족과 아침식사를 하고 하루를 시작하는데, 네 명의 아이들과 보내는 시간을 소중히 생각해 이른 아침 회의를 일정에 넣지 않는다고 한다. 이것은 평상시의 집중력을 높이기 위함이라고 하는데, 그는 피곤하면 집중이 힘들기 때문에 잠을 줄이는 것이 비효율적이라고 한다.

성공한 많은 사람이 밤을 새우면서 일을 하거나 공부하지 않는다. 밤을 새우거나 매일 야근을 하는 경우 정신이 몽롱해지면서 실수를 하거나 정상적인 판단을 못 내리기 때문이다.

그래서 나도 근무시간을 잘 조절하고, 업무를 효율적으로 하려고 노력한다. 특히 업무를 일찍 끝내고 집에 귀가하면 정신적으로나 육체적으로 피로가 많이 풀림을 느끼고 새로운 아이디어도 떠오른다. 물론 일찍 퇴근해서 친구들과 어울려 술을 과하게 마시거나 게임을 하느라 시간을 많이 보내면 다음 날에도 정신이 몽롱할 것이다.

하루하루 규칙적인 생활을 통해서 꾸준히 업무나 공부, 운동을 하는 것이 중요하다. 보통 '탄력이 붙는다'라고 한다. 아무리 하기 싫은 공부나 업무도 매일 꾸준히 하다 보면 점점 재미가 붙게 된다. 하지만 처음에 실행하는 것이 힘들기 때문에 자꾸만 미루고 미루다가 나중에 한 번에 하려고 한다. 그것은 지극히 자연스러운 현상이다. 우리 뇌의 편도체는 새로운 변화를 싫어한다. 이러한 방어 본능을 통해서 인간은 오랜 시간 생존을 유지할 수 있었다.

따라서 나의 뇌를 속이면서 조금씩 규칙적으로 하는 생활 습관이 중요하다. 이런 규칙적인 생활 습관을 통해서 좋은 컨디션을 유지할 수 있다. 몸의 상태가 좋으면 정신이 명료해지고, 업무 효율도 향상된다. 몸이 피곤하고 머리가 무거우면 어려운 일을 미루게 되고 자꾸 쌓이게 된다. 동시에 우리의 스트레스도 쌓인다. 하지만 벤저민 프랭클린처럼 매일 한 시간씩 꾸준히 한다면 평생의 좋은 습관을 기를 수 있다.

"적어도 하루 한 시간, 여유가 좀 생길 때는 두 시간 가까이 책을 읽었다. 한 시간을 읽을 수 없는 날도 있었지만, 그래도 최대한 짬을 내 책을 읽었다. 이 습관은 내 평생의 습관이 됐고 성장의 밑거름이 됐다."

— 벤저민 프랭클린, 《벤저민 프랭클린 자서전》 중에서

우리는 모두 바쁘다. 일 때문에 바쁘기도 하지만 다른 사소한 일에 정신이 빼앗겨서 야근한다. 야근이 필요한 경우도 있지만 긴급한 업무가 아니라면 지양해야 하는 습관이다.

이제는 시간 관리자가 되도록 하자. 시간 관리자란 시간에 쫓기는 것이 아니라 자신이 주도적으로 시간을 관리하는 사람을 말한다. 시간을 잘게 쪼개서 업무를 우선순위에 따라서 처리하는 것이다. 이렇게 평소에 노력하고 지속해서 반복하는 습관을 들인다면 나의 업무와 공부 습관을 온전히 나만의 것을 만들 수 있다. 더 이상 '벼락치기'를 하지 말자.

4-8

지금 할 수 있는 일에만 집중하라

미국 서부극의 전설적인 영화배우 존 웨인(John Wayne)은 다음과 같이 말했다. "인생은 본래 녹록지 않다. 하지만 멍청한 사람에게는 더욱 녹록지 않다."

존 웨인이 말한 것처럼 우리가 사는 인생은 쉽지 않다. 우리가 꿈꾸는 이상과 현실상의 괴리는 항상 발생하다. 지금 현재의 삶에 만족하는가? 대부분의 사람이 불만을 표시할 것이다. 나도 마찬가지다. 심지어 부와 명예를 가진 사람조차도 좀 더 많은 부와 명예를 누리지 못함이 아쉬울 것이다. 오히려 모든 것을 내려놓은 사람들이 마음 편하게 살 수 있다. 아무래도 본인이 할 수 있는 것이 단순하기 때문이다.

요즘 일본의 젊은이들은 회사에 취직하는 것보다 아르바이트를 하면서 그날그날 만족하면서 산다고 한다. 라쿠텐 오넷에서 2015년에

20세 남녀 600명을 대상으로 한 조사에 따르면 이성과 교제한 비율이 남성 50%, 여성 46%에 불과하고, 이성 교제의 필요성도 2000년에는 90%에서 2015년에는 63%로 감소했다고 한다. 산교노리쓰대 조사에서 최종 목표가 사장이라고 대답한 신입사원이 1990년대에는 47%에서 2017년에는 9%, 지위나 직책에 관심 없다는 신입사원이 1990년대의 20%에서 2017년 50%로 증가했다고 한다.

어른들이 살면서 꼭 필요하다고 한 소위 연애, 결혼, 출산, 심지어 취직도 포기한 사(4)포 세대의 일본 젊은이들이 문제가 있는 것인가?

하지만 우리나라 사정도 마찬가지이다. 학창 시절부터 밤늦게 학원에 다니고, 힘들게 대학교에 입학하면 취직을 준비해야 하고, 운 좋게 취직하면 회사 내에서 또 다른 경쟁이 기다리고 있다. 그래서 훌륭한 학교를 졸업하고 아무리 좋은 직장을 다녀도 행복을 느끼기는 쉽지 않다.

이러한 배경에는 지속적으로 나와 남을 비교하거나 비교당하기 때문이다. 또한 너무나 많은 선택지가 있기 때문에 지금 하고 있는 일, 내가 선택하는 일이 맞는 것인지조차 의심스럽다. 인생은 선택과 후회의 연속이다.

회사에서는 업무가 산더미처럼 쌓여 있고, 많은 숙제가 주어지지만, 우리는 너무나 많은 것에 정신이 팔린다. 업무를 해야 하는데 밀려드는 전화, 업무 메신저, 동료나 후배의 대화, 상사의 호출, 납기에 맞춰야 하는 보고서 등. 우리를 멀티 태스커로 만드는 환경에서 벗어나기 힘들다. 게다가 수시로 스마트폰을 울리는 카카오톡, 페이스북 등의 푸시 알림이 집중을 방해한다.

각종 조사에 따르면 직장인들은 하루 중 30%를 집중력을 되찾는 데 시간을 보낸다고 한다. 또한 11분에 한 번씩 타인의 방해를 받는다고 한다. 그러다 보니 당연히 업무의 효율이 좋아질 리가 없고, 끊임없이 스트레스에 시달린다.

그러면 이렇게 많은 업무와 선택 사이에서 우리는 어떻게 해야 할까?

첫째, 나의 일을 잘게 쪼개고 시작해야 한다. 《허클베리 핀의 모험》으로 유명한 소설가 마크 트웨인(Mark Twain)은 다음과 같이 말했다. "앞서가는 방법의 비밀은 시작하는 것이다. 시작하는 방법의 비밀은 복잡하고 과중한 작업을 할 수 있는 작은 업무로 나누어, 그 첫 번째 업무부터 시작하는 것이다."

이렇게 일을 잘게 쪼개고 시작하다 보면, 업무에 대한 성취감과 집중도가 높아진다. 예를 들어, 세 장의 보고서를 써야 한다면 첫 번째 한 장에 집중한다. 한 장을 완성하면 다음 장도 쉽게 넘어갈 수 있다. 하지만 처음부터 세 장을 다 끝내려고 한다면 어디서부터 시작할지 엄두가 안 난다. 그리고 집중이 안 되니 자꾸 시선이 다른 곳으로 가고 시간은 흐른다. 한 개의 업무가 끝나면 다른 업무로 스위칭(Switching)한다. 보통 서커스에서 광대가 보여주는 저글링을 멀티태스킹으로 생각하기 쉽지만 사실 각각의 동작에 집중하는 작업전환(Task Switching)이다.

골프도 마찬가지다. 여러 채의 골프채를 들고 다니지만 그때마다 쓰임새가 다르다. 즉, 골프채마다 사용하는 우선순위가 다르다. 항상 드라이브나 아이언만 사용할 수 없다. 각 필드 및 거리 상황에 따라서 다른 골프채를 사용한다. 드라이브를 우선 사용한다면, 그다음은 아이언 차례다. 그린에 볼을 올리고 나면 퍼터를 사용해야 한다.

둘째, 나의 신체 리듬에 맞춰서 집중력이 좋은 시간을 활용해야 한다. 나는 회사에 출근할 때 업무 모드로 접어들기 위해서 일부러 감성적인 음악은 안 듣고 어학을 듣는다. 회사의 업무는 이성적인 좌뇌가 필요하기에 감성적인 우뇌를 자극할 필요가 없기 때문이다. 물론 조용한 음악이나 명상 음악은 집중하는 데 도움이 된다. 또한 목표한 시간까지 업무를 끝마치기 위해서 자신을 독려하지만 각종 메신저나 전화가 괴롭히기 때문에 최대한 간단히 끝내고 다시 업무로 복귀한다.

직장에서는 오전이 승부처다. 오전에 집중력이 극대화되기 때문에 이때 중요하거나 어려운 일을 처리해야 한다. 오후는 신체 리듬이 꺾이기 때문에 좀 더 단순하고 부담 없는 일을 한다. 하지만 회사를 나서는 순간 모드를 전환해서 음악을 듣고 글쓰기를 생각하거나 책을 읽는다. 이제는 휴식을 취하면서 나의 뇌를 쉬게 해 주고 내가 원하고 싶은 공부를 할 때이다.

미국의 수영 선수 마이클 펠프스는 주의력 결핍 증상이 있었지만 자신이 잘하는 부분에 집중하고 최선을 다해서 이를 극대화하였다. 우리도 시간에 따른 선택적 집중을 해야 한다.《원씽》의 저자인 게리

켈러(Gary Keller)는 "시간이 부족한 것이 아니고 너무 많을 해야 한다고 느끼는 것이 문제이다."라고 말했다.

셋째, 지금 하는 일에만 집중하자. 업무를 하면서도 다른 일을 생각하면 안 된다. 업무에 몰두하면서 다른 숙제, 회식, 휴가 등 다른 일을 생각하면 업무 진행이 지지부진해진다. 그리고 이 업무를 하면서 이것이 끝나면 또 다른 것을 해야 한다고 생각하면 불행해진다. 마치 끝도 없는 늪에 빠진 것 같다는 생각이 든다. 하나하나씩 끝내다 보면 일에 집중할 수 있고, 퇴근 무렵에는 내가 어떤 일을 오늘 했는지 정리해 볼 수 있다. 즉, 나의 일에 집중하고 중심을 잡아야 한다. 남들이 여기저기서 부르고 어떤 일을 하라고 얘기하더라도 중요한 것에 먼저 집중해야 한다.

지금 내 눈앞에 있는 일만 바라보자. 마치 거친 자연에서 살아남기 위한 야생마처럼 집중하는 것이다. 이러한 업무 습관은 평소의 생활 습관으로 연결된다. 내게 주어진 것에 온전히 집중하다 보면 순간순간 나만의 행복을 만끽할 수 있다. 내 앞에 놓인 향긋한 에스프레소의 향만 맡아도 행복을 느낀다. '지금, 여기'에 있도록 하자.

나만의 생각과 함께

4장 되짚어보기

4-1 〈돈을 벌기 위해 열심히 일을 해야 한다는 생각부터 버려라〉

나의 일을 사랑하면 돈은 자연스럽게 따라온다.

4-2 〈돈을 버는 사람이 아닌 돈을 끌어당기는 사람들의 차이〉

기브와 돈을 사랑하는 마음을 갖고 나에게 투자하도록 하자.

4-3 〈꾸준함이 절호의 기회를 만든다〉

나의 일과 공부를 사랑하고 꾸준히 한다면
변화와 기회를 만들게 된다.

4-4 〈인생의 목적과 수단을 절대 혼동하지 마라〉

인생의 목적은 보다 가치 있는 삶을 사는 것이고
돈은 그것을 달성하기 위한 수단이다.

4-5 〈어떻게 버느냐가 아닌 어떻게 쓰느냐 〉

내가 행복하고 남에게도 가치를 제공하는 돈쓰기를 통해서
나의 품격을 완성한다.

4-6 〈'시간은 돈이다'라는 말의 깊은 뜻〉

아까운 시간을 가치 있게 쓰자.

4-7 〈성공하는 사람들은 절대 밤을 새워서 일하지 않는다〉

시간을 아껴 쓰고, 매일 조금씩 꾸준히 하는 습관을 들이자.

4-8 〈지금 할 수 있는 일에만 집중하라〉

일을 잘게 쪼개고 우선순위를 두어서 지금 하는 일에만 집중하자.

5장

심신心身, 몸과 마음을 공부하다: 평생 흔들리지 않는 몸과 마음을 만드는 기술

5-1

나를 소중히 여기는 것, 마음공부의 핵심

바닥에 앉아서 조용히 눈을 감는다. 깊게 숨을 들이쉬고 '지금', 내쉬면서 '여기'라고 되뇐다. 곧 있으니 잡념이 떠오른다. 내일 보고서, 상사한테 혼난 일, 동료한테 섭섭했던 일 등. 에너지 흡혈귀(나는 감정을 상하게 하는 모든 생각을 에너지 흡혈귀라고 부른다)인 잡념들을 없애려고 노력하는 대신 그냥 바라본다. 시간이 지나니 '바라보기'에 익숙해진다. 어느덧 시간은 5분이 지났고, 눈을 서서히 뜨고 주변을 바라본다. 새벽녘의 찬 공기와 함께 내 마음이 가라앉고 고요해짐을 느낀다.

우리의 마음은 지금 어떤가? 즐거운가? 행복한가? 걱정뿐인가? 화가 나는가? 현대 과학은 눈부시게 발전했지만 우리는 우리의 마음이 왜 이렇게 변하고 느껴지는지 잘 모른다. 보험연구원 발표(2018년)에 따르면 직장인이 직무 중 스트레스를 '대부분' 혹은 '항상' 느끼는 비율은 남성 26.5%, 여성 25.4%라고 한다. 즉, 직장인 4명 중 1명이 항상 우울함을 느낀다는 것이다. 구성원이 1,000명의 회사라면 250명, 10,000명이라면 무려 2,500명이 상시적으로 스트레스를 받고 우울증을 느낀다는 것이다. 아무리 예전보다 감정노동이 더 늘어났다고 하지만 이는 심각한 문제이다.

상시적인 스트레스를 받지 않는다고 하더라도 아무 이유 없이 문득 화가 치밀어 오른 적이 있을 것이다. 울화통이 터지는 이유는 과거에 대한 기억 때문이다. 예를 들어 어떤 상사가 우연히 생각났는데, 그 상사 때문에 고생하고 배신당한 기억이 나면 기분 좋은 아침에 갑자기 화가 난다.

이상하지 않은가? 그냥 기억일 뿐이고, 이미 지나간 과거의 찌꺼기일 뿐인데, 우리는 왜 이렇게 과거에 집착하는 것일까? 심지어 이 기억은 나를 불행하게 만든다. 그것은 우리가 자신의 기억에서 해방되지 못했기 때문이다. 우리는 자신의 분노와 화에 지배되어 살아간다.

그래서 우리는 우리의 마음을 공부하고 알아야 한다. 이 시대의 가장 영향력 있는 작가이자 의사인 디팩 초프라(Deepak Chopra)는 "마음은 모두 답을 알고 있으니 마음에 집중하여 곰곰이 생각하라. 그것이야말로 우리가 가장 먼저 할 수 있는 일이다."라고 말했다. 시중에는 마음공부에 대한 책이 넘친다. 그런데 마음공부 관련 책을 읽을 때는 마음이 힐링 되는 거 같지만 시간이 지나면 잊어버리게 된다. 힐링 캠프를 다녀와도 그때뿐이다. 힐링 캠프 시 꺼놓은 휴대폰을 켜면, 밀린 이메일, 수북이 쌓인 메시지가 부담으로 다가온다. 회사원으로서 어쩔 수 없는 숙명이다.

스트레스나 마음의 병이 쌓이면 '마음의 암'이 되고 '몸의 암'이 된다. 몸을 함부로 해서 건강을 해치는 경우도 있지만 요새는 마음의 병이 더 무섭다. 밀린 회사 보고서, 당월 실적, 동료와의 불화, 자녀 교육, 주식 시장, 암호화폐, 부동산 등 많은 잡념과 걱정이 몸과 마음을 병들게 한다.

약 1,800년 전의 로마의 황제인 마르쿠스 아울레리우스(Marcus Aurelius)도 이러한 번뇌에 시달려서 다음과 같은 말을 남겼다.

> "오늘 나는 온갖 번뇌로부터 벗어나게 되었다. 아니, 나 자신 속에 있는 온갖 번뇌를 몰아냈다고 하는 것이 옳겠다. 번뇌라는 것은 밖에 있는 것이 아니라 안에 존재하는 것으로, 바로 내 사고 안에 있는 것이기 때문이다."
>
> *— 마르쿠스 아울레리우스*

직장인은 자신의 고민을 풀 곳이 마땅치 않다. 가끔 동료들과 소주 한잔하면서 얘기를 나누는 것은 스트레스 해소에 도움이 된다. 하지만 그것은 근원적인 문제를 해결하지 못한다. 나도 그 대안을 사용해 봤지만, 풀리기는커녕 마음의 병만 깊어가고 건강은 더 안 좋아진다.

정말 고민을 털어놓고 해결하고 싶다면 회사에서 동료나 상사, 선배들에게 '맨정신'으로 상담하는 것이 제일 좋다. 밖에서 산책하면서 얘기하는 것도 많은 도움이 된다. 스티브 잡스나 마크 저커버그도 산책하면서 대화를 나누는 것을 좋아했는데, 아무래도 같이 걷다 보면 두뇌도 활성화되면서 긍정적인 생각이 나오고 의외로 좋은 해결책이 나온다.

제일 좋은 것은 나의 나쁜 기억을 지우개로 쓱쓱 지우는 것이다. 하지만 쉽지 않다. 그래서 나의 마음을 그냥 '바라보라'라고 한다. 셀프카메라를 찍어보았는가? 동영상에 나온 나의 모습을 보았는가? 남의 시선으로 나를 바라보면 어떤가? 웃고 있는가? 아니면 찌푸리고 무표정한가?

나를 바라보는 것이 명상의 기본이고, 명상은 나를 소중히 여기는 마음에 기반을 둔다. 애플 창업자인 스티브 잡스는 젊은 시절 명상을 즐긴 것으로 유명하고 많은 미국의 실리콘 밸리 IT 회사들이 명상 프로그램을 시행하고 있다. 잡스에게 명상은 '내면을 일깨우는 알람시계'였다. 그는 "산만해지지 않고 집중하는 능력은 매일 반복하는 명상과 직결된다."라고 말한 바 있다.

차드 멍 탄은 전 구글 엔지니어인데 스트레스로 고통 받는 동료들을 위해 명상 프로그램을 열었다. 매년 400여 명의 대기자가 있을 정도라고 한다. 또한 그가 쓴《너의 내면을 검색하라》는 책은 베스트셀러가 되었다. 그는 자신감, 자기 통제력, 이타심 같은 감성지능은 타고 나는 게 아니라 훈련으로 터득할 수 있다고 말했다.

이렇게 명상이 글로벌화가 되고 있지만 아쉽게도 우리나라에서는 주변에 명상을 하는 사람들이 별로 없다. 명상을 하면 왠지 종교적인 것으로 연결시키는 사람도 있다. 하지만 모든 사람이 알게 모르게 명상을 하고 기도하고 있다. 우리가 무엇인가 간절히 이루어지기를 바라는 것도 명상의 하나이다. 명상의 장점은 마음을 편하게 할 수 있고, '지금, 여기'에 충실하도록 만든다. 또한 그럼으로써 나 자신을 소중하고 사랑하게 만든다. 좋은 아이디어나 창의적인 생각은 부수적으로 따라온다. 요새는 다양한 명상 앱도 있어서 딱 5분만 자신에게 할애하면 된다.

스마트폰을 잠시 덮고, 눈을 감고 의자나 바닥에 앉아서 허리를 펴고, 편하게 호흡을 하자. 호흡에 숫자를 붙여도 된다. 눈을 감자마자 잡념의 소용돌이에 빠지고 에너지 흡혈귀가 출몰할 것이다. 하지만 그러한 감정과 대화하지 말고, 그냥 바라보기를 한다. 이렇게 꾸준히 매일 명상을 하다 보면, 좀 더 편하게 '바라보기'를 할 수 있다. 바라볼 수 있는 능력, 알아챌 수 있는 능력을 키우는 것이 명상이다. 이러한 마음공부의 핵심은 나를 소중히 여기는 것이고, 내가 행복해야 남도 행복할 수 있다.

5-2

살아본 게 처음이라
당연히 실수할 수밖에

나는 살면서 수없이 많은 실수와 실패를 겪었다. 겉으로는 대기업에 일하는 마케팅 부장으로 안정적인 직장 생활, 자신만의 인생을 즐기고 있는 것처럼 보이지만 좌충우돌하면서 살아온 인생이다. 대학교에 입학했을 때는 전공과목에 적응을 못 해서 쌍권총을 수없이 차다가 도저히 회생 불가로 판정되어서 해외로 어학연수를 갔다. 다행히 어학연수 다녀오고 조금 정신을 차리는가 싶더니, 이번에는 음악을 한다고 휴학했다.

지금 생각해 보면 부모님이 나 때문에 정말 속이 많이 상하셨을 것 같다. 우여곡절 끝에 회사에 입사하고 회사에 다니면서 음악도 다시 하고, 업무에도 재미를 느끼면서 행복한 회사생활을 하고 있다. 물론 지금도 실수를 하고 스트레스를 많이 받을 때도 있지만 적어도 예전만큼 크게 방황하지는 않는다.

대부분의 사람은 이렇게 불완전한 존재이다. 〈키스 먼저 할까요〉라는 드라마에서 다음과 같은 대사가 있다. "버릴 수 있을 때 버려야 살 수 있어요. 안 그럼 내일도 오늘처럼 고통스러울 거예요." 즉, 시간이 많지 않으니 현재에 충실하자는 얘기다.

이 드라마는 세상에 상처를 겪은 이혼 남녀의 얘기를 다루었는데, 많은 이들의 공감을 받았다. 대사 한마디, 한마디가 많은 실수를 통한 오랜 경험에서 우러나온 것이기 때문이다. 그래서 나도 모르게 고개가 끄떡여진다. 우리는 누구나 실수를 하고 과거에 대한 반성과 참회를 통해서 한 단계 성숙하고, 아픈 상처를 딛고 일어난다.

누구나 어렸을 때 완벽한 사랑을 꿈꾼다. 첫사랑과 만나서 연애하고 결혼하고 아이 낳고 행복하게 사는 꿈을 말이다.

하지만 현실은 그렇지 않다. 살면서 많은 사람을 만나고 헤어짐을 반복한다. 그러면서 내가 한 행동이나 결정에 대해서 후회한다. 누군가와 헤어지면 그 당시는 하늘이 무너지고 세상이 끝날 거 같지만, 시간이 지나면 거짓말같이 새로운 사람과 만나는 자신을 발견하다. 이렇게 상처를 받고 그 상처가 아물기를 반복하면서 성장한다. 물론 상처는 죽을 때까지 남지만 그 상처가 점차 희미해지는 것을 바라보면서 산다.

러시아의 대문호 톨스토이(Tolstoy)의 《전쟁과 평화》의 주인공 중 한 명인 나타샤는 자신의 진정한 사랑을 찾기 위해서 많은 아픔을 겪는다. 그녀는 아내를 잃은 전쟁 영웅인 안드레이를 만나서 깊은 사랑을 느낀다. 하지만 바람둥이 남자를 만나면서 마치 마약에 중독되듯이 그를 따라서 도망치려다가 붙잡힌다. 결국 안드레이에게 버림받고, 그가 전쟁터에서 부상당한 상처로 죽기 전에야 용서를 받는다.

사실 나타샤의 곁에는 어릴 적부터 친한 친구이자 소울메이트인 피에르라는 백작이 있었다. 피에르는 그녀를 사랑하지만 고백을 못하고, 자신의 재산을 탐하는 엘렌이라는 여인에게 유혹을 당해서 불행한 결혼 생활을 한다. 피에르는 무작정 전쟁터로 뛰어들고, 나중에 프랑스군의 포로가 된다. 그는 우여곡절 끝에 풀려나서 나타샤에게 다시 돌아오게 되고, 그들은 다시 새로운 사랑을 시작한다. 《전쟁과 평화》 소설을 각색한 드라마 중 피에르는 마지막 장면에서 "새로운 희망은 그 순간에 시작합니다. 삶이 있는 곳에는 행복이 존재합니다. 그 행복이 우리를 기다립니다."라고 얘기한다.

삶이 있는 곳에는 희망이 있다. 실수를 해도 희망이 있다. 회사생활을 할 때도 실수를 한다. 중요한 것은 실수를 하는 것보다 실수를 하면서 배우고 성장하는 것이 중요하다. 제일 안 좋은 경우는 실수를 통해서 아무것도 배우지 못하는 것이다.

바둑에는 '복기(復棋)'라는 것이 있다. 복기를 통해서 바둑에서 한 번 두고 난 판국을 다시 한번 그대로 두면서 배우게 된다. 물론 본인이 시합에서 졌을 때는 마음이 쓰릴 것이다. 하지만 냉정하게 자신을 평가하면서 한 단계 성장한다. 회사에서도 복기가 있다. 어떤 문제가 생기거나 했을 때 그것을 복기하면서 다음 단계에서는 그 실수를 안 하려고 한다.

'돌부처'라고 불리던 이창호 바둑 기사는 복기에 대해서 다음과 같이 말했다. "바둑에는 복기라는 훌륭한 교사가 있다. 승리한 대국의 복기는 '이기는 습관'을 만들어주고, 패배한 대국의 복기는 '이기는 준비'를 만들어준다."

나도 살면서 정말 많은 실수를 하고 후회를 했다. 살면서 힘든 적도 많고, 새로운, 그리고 완벽한 인생을 사는 꿈도 꿨다. 외국의 멋진 나라에서 그림 같은 집을 짓고 아름다운 호수를 바라보면서 아침 식사를 하는 그런 꿈을 말이다. 하지만 그렇게 완벽하고 완전한 인생을 산다고 해도 실수하고 후회하고, 고통을 느낄 것이라고 생각한다. 그것이 인생이기 때문이다.

실패라는 것은 상대적이다. 실리콘 밸리 투자의 귀재라 불리는 비노드 코슬라(Vinod Khosla)는 스탠퍼드 대학 강연에서 다음과 같이 말했다. "실패 않겠다는 실수를 범하지 마라. 실패의 기회를 줄이려고 실수하지 마라. 오히려 성공에 더 다가서지 못하게 된다. 역설적이게도 '제대로 된 실패를 해 보겠다'는 의지가 훗날 성공을 위한 능력이 된다."

이렇게 실수를 할 때마다 다시 복기하고 원위치로 돌아오려면 어떻게 해야 할까? 그러려면 회복 탄력성이 있어야 한다. 이러한 회복 탄력성은 나와 남에 대한 사랑에 근간을 둔다. 즉 나를 사랑해야 나의 실수를 용서할 수 있고, 나의 실수를 복기해서 더 나은 내가 되기 위해서 노력할 수 있다.

페이스북의 최고운영책임자인 셰릴 샌드버그(Sheryl Sandberg)는 남편을 잃고 나서 큰 상심에 빠졌다. 하지만 그녀는 회복 탄력성을 통해서 조금씩 자신의 아픔을 극복할 수 있었다. 그녀는《Option B》라는 책에서 다음과 같이 말했다. "회복 탄력성은 우리 내면 깊숙한 곳에서 우러나오는 동시에 외부의 지지를 받을 때 발현된다. 그래서 엄청나게 파괴적인 사건을 겪더라도 삶에 대해 더 깊은 의미를 발견하고 더 큰 감사를 느끼며 성장할 수 있다."

이제는 실수를 내 인생의 일부로 받아들이자. 실수 안 하려고 노력할 것이 아니고, '실수를 해도 괜찮아, 많이 배웠어'라고 생각하고 나를 용서하자. 나 자신에게 좀 더 관대해질 때 우리는 〈키스 먼저 할까요〉 주인공들의 이야기처럼 버릴 수 있을 때 버려야 살 수 있다. 살면서 실수하는 건 당연한 것 아닌가?

5-3

마음을
책으로 읽다

"오늘 몇 권 읽을까?"

"2권 읽으면 별 쳐줄게."

보통 유아가 있는 가정에서 들을 수 있는 대화이다. 우리는 어렸을 때부터 책 읽기를 강요하거나 강요당한다. 영국의 교육 출판사 라이징 스타가 3~8세 자녀를 둔 500명 부모를 대상으로 조사한 결과 60%의 부모가 아이에게 책을 읽히기 위해 다양한 형태의 뇌물(보상)을 제공한다고 한다. 물론 나도 60% 중의 하나이다.

부모들은 아이들이 책 읽기를 통해서 읽기나 쓰기 능력뿐만 아니라 사고력도 증진되기를 기대한다. 무엇보다도 독서가 평생 습관이 되어서 나중에 자신만의 인생관을 갖는 사람이 되기를 희망한다. 그러나 이러한 기대감이 지나쳐서 일방적으로 책을 읽도록 강요하거나 계속 뇌물로 유혹하는 것은 바람직하지 않다.

나는 초등학교 6학년 시험 때 '올백'(모든 과목 백 점)을 받았다. 5학년까지는 학업 능력이 그다지 뛰어나지 않아서 거의 저능아 수준이었다. 심지어 2학년 때는 10 이상 숫자를 발가락으로 세어서 어머니가 너무 한심해 하신 나머지 최후의 수단으로 '으뜸 주산학원'에 보냈다. 다행히 이때부터 나의 전두엽이 살아나기 시작했다. 따라서 6학년 때 '올백'을 받은 대사건은 어머니의 표현에 따르면 '소가 뒷걸음을 쳐서' 좋은 성적을 받은 것이다.

당시 어머니는 너무 기뻐하셨고 값비싼 동아 대백과 사전 전집을 사주셨다. 이후에 나는 스스로 책을 읽는 습관이 들었다. 내가 우등생이라기보다는 주변에 백과사전, 위인전집, 동화책 외에는 딱히 갖고 놀만 한 장난감이 없었기 때문이다.

그때는 이 책들이 내 인생에 앞으로 큰 영향을 주리라고는 미처 생각하지 못했다. 어릴 때 읽은 백과사전은 다양한 분야에 관심을 갖게 만들어서 여러 분야에서 끊임없이 공부하게 했다. 위인전집은 성공한 사람들의 인생에 관심을 두도록 했다. 애플의 창업자 스티브 잡스, 전기자동차 테슬라를 만든 앨런 머스크, 야구 선수 클레이튼 커쇼(Clayton Kershaw), 축구선수 박지성, 피겨요정 김연아, 독립운동가 백범 김구, 재즈 뮤지션 마일즈 데이비스(Miles Davis) 등 다양한 분야의 인물에 대한 자서전을 읽으며 감동을 받았다.

세월이 흐르고 책이 누적되다 보면 내가 좋아하는 책이 무엇인지 자연스럽게 알게 된다. 자신만의 책 목록을 갖게 되는 것이다. 책은 나의 마음을 비추는 거울과 같다. 지금 내 책장에는 자기계발서, 역사서, 명상 서적, 자서전, 일본 소설 등이 있다. 책장에 있는 책들을 보면 나의 생각과 기호가 보인다.

시간이나 습관에 대한 책을 많이 읽는다는 것은 그만큼 더 시간을 알차게 쓰고 싶고 좀 더 나은 내가 되기 위함이다. 뇌에 관한 책이 있다는 것은 행복과 고뇌의 근원이 무엇이지 고민했기 때문이다. 삼국지에 대한 책이 많다는 것은 인간관계나 리더십에 대해서 궁금했기 때문이다.

이왕이면 생각하면서 독서를 하면 사고의 깊이를 더해준다. 플로리다 대학의 옐로우리스 더글라스(Yellowlees Douglas) 교수는 딥 리딩을 강조했다. 이것은 의미를 곱씹으며 읽는 깊이 있는 독서를 말한다. 그는 심리학 잡지인 〈사이콜러지 투데이〉에서 다음과 같이 말했다. "딥 리딩은 가장 좋은 뇌 운동법이다. 숨은 뜻을 추론하고, 분석하고, 더 깊이 사고하도록 한다. 이런 뇌 훈련을 통해서 깊이 있는 글쓰기가 가능해진다."

비단 현대에서 연구 결과뿐만 아니라 옛 성인들도 독서가 사고를 깊이 있게 하고 마음을 안정화하는 데 도움이 된다고 했다. 율곡 이이 선생은 "성인을 본보기로 삼고 큰 뜻을 가져라. 말을 줄이고 마음을 안정시켜라. 잡념과 망상을 없애고 계속 공부해서 마음을 고요하게 하라."라고 말했다.

독서를 통해서 나의 마음을 고요하게 하면 내가 무엇을 원하는지 내 마음을 비춰볼 수 있다. 최근 베스트셀러들을 살펴보면 '마음의 치유'를 주제로 한 책들이 많다. 즉, 많은 사람들이 '마음의 병'을 앓고 있다는 얘기도 된다. 우리는 그 사람이 읽는 책을 보면서 어떤 생각을 갖고 있는지 알 수 있다. 퇴직에 대한 책이 책상에 꽂혀 있다면 그는 회사생활이 정말 힘든 것이고, 다이어트에 대한 책이 있다면 당연히 그나 그녀의 마음에는 건강에 대한 생각이 우선일 것이다.

책을 읽을 때는 수동적이 아닌 적극적인 독서를 해야 한다. 예전에는 책을 깨끗이 읽었으나 이제는 볼펜으로 밑줄을 긋고 나의 생각을 적어둔다. 한번 읽고 책장에 꽂아둘 것이 아니고, 종종 꺼내서 다시 한번 밑줄 친 부분들을 가슴에 새긴다. 자신의 기억을 믿지 말자. 계속 반복해야 한다. 서평을 남겼을 때 그 책은 비로소 내 책이 된다. 특히 인생에 대해서 깊이 성찰한 사람들의 노하우를 책을 통해서 배울 수 있고, 나 자신의 마음을 찾는 데 도움이 된다.

《그들은 책 어디에 밑줄을 긋는가》라는 책에서는 책을 빨리 읽지 않고 천천히 읽으라고 했고, 또한 '얼마나 많은 책을 읽었느냐'보다 '어떻게 실천하느냐'가 중요하다고 했다. 결국 적극적인 독서의 마지막 단계는 '실천'인 것이다. 1년에 100권의 책을 읽는 것도 좋지만, 단 1권의 책이라도 마음속에 새기고 실천하는 것이 중요하다.

세계적인 명상가 파울로 코엘료(Paulo Coelho)는《마음의 힘》이라는 책에서 다음과 같이 강조했다. "나는 '죽은' 사람들을 많이 알고 있다. 그들은 죽었는데도 걷고, 말하고, 텔레비전을 본다. 열심히 일도 하지만 신성한 에너지의 불꽃은 사라지고 없다. 그렇다고 그 불꽃이 영원히 사라진 것은 아니다. 우리 영혼 속에 들어 있는 그 아이는 언제든 다시 나타나 반갑게 인사하며 불꽃이 되살아나게 할 수 있다.

하지만 죽은 사람들, 꿈과의 연결이 끊어진 사람들은 자신에게 꿈이 있다는 사실을 저버린다. 마음과 연결이 끊긴 사람은 살아도 살아 있는 것이 아니다."

우리 주변에는 죽은 사람들이 많이 있다. 하지만 책을 통해서 우리는 '산' 사람이 될 수 있다. 즉 깨어 있는 사람이 될 수 있고, 우리의 숨겨진 영혼을 다시 끄집어낼 수 있다. 우리가 병원에서 한 시간 동안 상담을 받는 것보다 훨씬 더 저렴하게 말이다. 그리고 그 상담사들을 마음에 영원히 간직할 수 있다.

돌이켜보면 내 인생과 마음을 지배했던 것은 책이라고 생각한다. 이제는 좋아하는 책들을 꺼내 보고 다시 읽어보게 된다. 책은 우리의 인생에 있어서 훌륭한 친구이고, 동반자이고, 또한 스승이다. 책은 항상 가까이 두어야 한다. 내 마음을 제일 잘 아는 것이 바로 책이기 때문이다.

5-4

식스팩이 아닌 식스센스부터 길러라

코넌 도일(Conan Doyle) 경이 창조해낸 명탐정, 셜록 홈즈(Sherlock Holmes)는 이렇게 말했다. "나는 두뇌 활동 없이 살지 못하네. 머리를 쓰지 않으려면 도대체 왜 사나?"라고. 이렇게 활발한 두뇌 활동뿐만 아니라 뛰어난 직감을 통해서 셜록 홈즈는 수많은 사건을 해결한다. 그렇다면 그는 어떻게 식스센스를 이끌어 내서 사건을 해결했는가?

식스센스는 육감 또는 영감이다. 오감은 시각, 청각, 미각, 후각, 촉각을 말한다. 즉, 분석적인 사고에 의지하지 않고, 직관적으로 사태를 파악하는 것을 말한다. 살면서 우리가 아는 것이 아닌 알지 못하는 것에 대해서 경험과 느낌을 통해서 '직관적'으로 판단해야 한다.

천재 물리학자인 알베르트 아인슈타인도 직감과 직관, 심상이 먼저 나타나고 말이나 숫자는 이를 표현하기 위한 수단에 불과하다고 말했다. 즉, 심상을 먼저 마음대로 부릴 수 있게 된 다음에야 표현이 따라온다는 것이다.

그런데 우리는 눈에 보이는 것을 전부라고 믿고, 모든 것을 수치화해야 한다고 생각한다. 우리에게 너무 익숙한《어린 왕자》라는 책에서도 '내'가 코끼리를 삼킨 보아구렁이를 그렸지만, 어른들은 그냥 '모자'라고 생각하고 눈에 보이는 것만 믿는다. 상상력을 발휘하거나 직관을 따르기보다는 숫자를 믿는 게 더 편하다고 생각한다.

나도 마찬가지다. 숫자를 봐야 마음이 편해짐을 느낀다. 시장이 좋거나, 나빠질 것이라는 동물적인 감각보다는 몇 % 확률로 좋아지거나 나빠질 것이라고 표시할 때 신뢰할 수 있다고 생각한다. 그것이 맞는지 틀리는지는 중요하지 않고, 숫자로 표현했느냐, 안 했느냐를 더 중요하게 여기게 되었다.

하지만 우리에게는 직감이라는 것이 있다. 혹시 살면서 그런 경험이 없는가? 왠지 좋은 일이 있을 거 같은 느낌, 또는 반대인 경우 말이다. 옛날에는 어머니들이 안 좋은 느낌이 들면 자식의 안녕을 기원하기 위해서 정화수를 떠놓고 기도를 올리지 않았던가?

또한 음악가들에게 직관력은 필수다. 훌륭한 멜로디나 가사는 계산해서 나오는 것이 아니다. 아무리 피아노 앞에 앉아서 머리를 쥐어짜도 훌륭한 음악이 바로 나오지 않는다. 예전 재즈 피아노 선생님은 재즈 연주 중 솔로를 연주할 때는 어떤 일종의 '신내림'이 필요하다고 했다. 그것이 하느님의 힘을 빌리든, 나만의 신, 또는 우주의 신을 빌리든 그 힘을 빌려서 나의 손을 통해서 연주해야 한다고 했다.

회사생활에서도 이러한 직감이 상당히 중요하다. 출근했는데 왠지 기분이 싸하다 싶으면 안 좋은 일이 일어나고는 한다. 그날 기분이 좋고 뭔가 일이 잘될 것 같으면 이상하게 일이 잘 풀린다. 직감이 발달하면 회사생활도 더 잘할 수 있다. 상사, 부하 직원, 고객의 기분도 헤아려서 말을 조심할 수 있다.

직장에서는 '보고의 타이밍'이 중요하다. 상대방이 준비가 안 되었거나 기분이 안 좋은 상태라면 직감적으로 그것을 느껴야 한다. 그래서 보고 시간을 잘 잡거나 보고를 할 때 언행에 더 신중해야 한다.

물론 이렇게까지 윗사람, 아랫사람, 고객 등의 눈치를 볼 필요가 있냐고 질문할 수 있다. 하지만 만약 그 사람이 어떻게 받아들이든 신경 쓰지 않고 일방적으로 내 얘기만 전달한다면 회의, 보고, 영업도 제대로 될 리 없다. 회사생활을 하다 보면 '눈치가 없다'라고 느끼는 직원은 직감력이 상대적으로 떨어지고, 유능하다고 인정받는 사람들은 눈치가 있고 직감력이 좋은 경우가 많다. 회사에서의 '운'도 타이밍과 직감에서 나온다고 본다.

다행히 나도 직감이 좋은 편에 속한다. 물론 그것은 하루아침에 이루어진 것이 아니다. 수많은 시행착오 속에서 생겨난 것이다. 회사생활이라는 것이 결국 사람 간의 부대낌이 있기 때문에 수많은 경험을 통해서 배울 수 있다. 하지만 아무리 실수를 해도 인정하거나 받아들이지 않는 사람들도 있다. 그러한 사람들은 사회생활을 아무리 오래 해도 그대로이다. 마케팅에서도 직감이 상당히 중요하다. 마케팅이라고 하면 수많은 통계와 수식을 쓰는 굉장히 복잡하고 분석적인 업무라고 생각할 수 있다. 하지만 데이터에만 근거한 이성적인 판단보다는 자신의 경험과 느낌을 근거로 판단을 내려야 하는 경우도 많다.

데이터에는 한계가 있다. 이는 많은 경제학자들도 느끼는 문제라고 생각한다. 이 세상에 수많은 불확실한 변수를 모두 수치화할 수 없다. 앞서 아인슈타인 얘기도 있었지만 우리에게 심상이 나타나면 데이터나 기호는 뒤따라온다. 물론 데이터가 반대로 직감을 이끌어내기도 한다. 그래서 어느 것이 더 중요하다고 말할 수 없고, 상호 보완적인 관계라고 생각한다.

나는 직감의 힘을 믿는다. 직감은 그냥 '찍는 것'이 아니고, 내가 그동안 오감을 통해서 배운 지식, 경험을 총동원해서 나에게 안테나 역할을 한다. 《스냅》이라는 책에서 저자 매튜 헤르텐슈타인(Matthew J. Hertenstein)도 이러한 직감이 단순한 주관적인 판단이 아니고, 상당한 근거와 원리가 있다고 다음과 같이 설명한다.

"우리 뇌는 주변 환경에 반응하면서 부단히 새로운 정보로 스스로를 업데이트하고, 끊임없이 주변 사건들 사이에 새로운 연관을 만들어낸다. (중략) 뇌는 항상 미래의 사건들이 일어날 확률을 계산하고 있다. 그러므로 사실상 우리 모두는 평생에 걸쳐 수백만 가지 계산을 하는 정교한 통계의 달인들이다. 다만 우리가 그것을 모르고 있을 뿐이다."

그렇다면 직관을 키우기 위해서 어떻게 해야 할까?

첫째, 많은 인풋(in-put)이 있어야 한다. 인풋은 업무, 공부, 독서, 경험 등을 통해서 이루어진다. 앞서 얘기한 재즈의 솔로 연주도 신내림이 있기 전에 수없이 많은 곡을 따라 하고 연습을 통해서 이루어진다.

둘째, 무조건 열심히 하기보다 쉬면서 나 자신을 온전히 바라보는 것이 필요하다. 직관은 어느 순간 떠오르게 된다. 명상하거나 산책을 하다 보면 아이디어가 자연스럽게 떠오른다. 영화감독 우디 앨런은 뜨거운 물에 오랫동안 샤워를 하면서 창의적인 아이디어를 얻었다고 했고, 펜실베이니아 대학 심리학과 스콧 배리 카우프만(Scott Barry Kaufman) 교수는 그가 조사한 사람들 중에서 72%가 샤워를 하며 새로운 통찰을 얻었다고 한다.

셋째, 사물에 대한 호기심을 가져야 한다. 끊임없는 호기심을 갖고 무언가를 생각할 때 어느 순간 우리는 우리만의 보물, 즉 직감을 찾게 된다.

따라서 직감을 키우기 위해서는 인풋, 바라보기, 호기심이 필요하다. 제일 중요한 것은 마음의 문을 열고 그 보물(직감)을 받아들일 준비를 해야 한다. 준비 안 된 사람에게는 아무리 많은 인풋이 들어와도 아웃풋(out-put)이 안 나오기 때문이다. 칠레의 작가인 이사벨 아옌데(Isabel Allende)는 직감은 마음이 아니라 뱃속 어딘가 모르는 곳에서 떠오른다고 했다. 이제 나의 마음을 활짝 열고 자신만의 아름다운 직관을 피우도록 하자.

5-5

자기만족은 완벽한 건강에서 비롯된다

"수고하셨습니다."

맥주병과 소주병이 바쁘게 모인다. 앞에 놓인 맥주잔에 시원한 맥주와 소주가 사이좋게 섞인다. 술잔을 바라보며 나의 뇌에서는 '도파민'이라는 쾌락 호르몬이 분비되고, '파블로프 실험의 개'처럼 혀에는 침이 고인다. 이어서 "원샷"이라고 외치면서 쭉 들이켠다. 나의 목젖을 타고 내리는 술의 상쾌함은 그 무엇과 비교할 수 없다.

아침에 출근하니 모두 얼굴이 퉁퉁 부어 있다. 어제 과음의 영향이다. 40대는 회사에서 중견 관리자가 되기 때문에 일도 많고 스트레스도 많이 받는 위치이다. 밑으로는 후배들을 챙기고 위로는 상사들에게 보고도 많이 해야 한다. 인간관계가 횡적으로 넓어지다 보니 술자리도 늘어난다. 술을 적당히 즐기며 마시면 좋지만 보통 술이 술을 부른다고, 적어도 소주 3잔 이상 들어가면, 직장인들이 얘기하는 일명 '발동 걸리기'에 들어간다.

스쿠터 정도 발동이면 쉽게 사그라지지만, 람보르기니급의 발동이면, 어디 전신주에 박을 때까지 고고씽이다. 이렇게 술을 마시고 나서 다음 날 푹 쉬면 다행이지만, 업무는 업무대로 산적해 있다. 술자리는 늘어나고, 운동이 줄어드는 악순환이 반복되면서 나의 건강은 서서히 망가진다. 마치 지구 온난화 현상으로 빙산이 서서히 녹는 것처럼 우리는 그 변화를 의식하지 못한다.

내가 이십 대 후반일 때 과장님은 나보고 술을 자제하라고 했다. 그때는 이해하지 못했다. 술을 마시는 것 자체가 중국 최고의 시인인 이태백이 누리던 풍류라고 생각했다. 심지어 이태백이 강가에서 술을 마시다 달을 잡으려다가 익사했다는 전설도 멋있게 느껴졌다.

하지만 과도한 음주는 언젠가 부메랑이 되어서 나에게 돌아온다. 그래서 많은 사람이 건강을 위해서 술을 끊으려고 한다. 보통 술을 끊는 분들은 세 가지 이유에서다. 1. 종교적인 이유 2. 큰 사고를 친 경우 3. 의사의 사망 선고. 하지만 이렇게 타의에 의해서 술을 끊는 것보다 자연스럽게 술을 줄이는 것이 중요하다. 그것이 건강한 삶을 위한 것이다.

그러면 건강한 삶이란 무엇인가? 세계보건기구(WHO)에서는 건강을 "단순히 질병이나 쇠약이 없는 것이 아니라 신체적, 정신적 건강이 완벽한 상태"라고 정의하고 있다. 즉 병이 없다고 건강한 것이 아니고 신체적으로, 정신적으로 건강한 것이 '진짜 건강한 삶'이다.

육체적인 건강은 일상생활에 많은 도움을 준다. 흔히 "정신이 육체를 지배한다. The mind governs the body."라는 말이 있다. '정신력의 위대함'을 강조한 것이지만 나는 육체가 정신을 지배한다고 생각한다. 오히려 고대 로마의 시인인 유베날리스가 말한 "건강한 신체에 건강한 정신이 깃든다. A healthy mind in a healthy body."라는 말을 더 믿는다.

내 몸이 건강해야 올바르고 건강한 정신, 삶의 만족감을 느낄 수 있다. 그렇다고 식스팩을 자랑할 정도로 완벽한 몸매를 가지라는 것은 아니다. 적어도 나의 건강을 잘 관리하면 내 삶의 만족도 올라간다. 그러나 30대 이후는 부하직원은 관리하지만 내 몸은 관리 안 한다.

"건강이 배움보다 더 가치 있다."라고 미국의 제3대 대통령이었던 토마스 제퍼슨(Thomas Jefferson)은 말했다. 건강은 우리의 품격을 만들어주기 위한 기본이다. 내가 몸이 안 좋으면 회사 업무에도 영향을 주고 가정에도 걱정을 끼친다. 내 몸에 문제가 생기면 그것은 온전히 나의 잘못이다. 절대로 다른 사람이나 환경을 원망하면 안 된다.

그래서 내 몸이 이전과 다르다는 것을 인정하고 사랑해야 한다. 내 몸을 사랑해야 건강한 하드웨어를 갖게 된다. 튼튼한 하드웨어가 있어야 소프트웨어가 문제없이 작동한다. 물론 인정하기는 싫을 것이다. 아직도 무거운 역기를 들 수 있을 것 같고 밤새도록 술을 마셔도 다음 날 멀쩡할 것 같다.

하지만 현재 내 몸을 있는 그대로 인정하지 않는 한 어느 순간 나의 몸은 병들고 만다. 40대 돌연사의 주요 원인이 스트레스라고 하지만 내 몸을 평소에 잘 관리하는 습관도 중요하다. 몸이 피곤할수록 스트레스도 더 많이 받고 몸이 건강하면 스트레스도 덜 받는다.

베트남의 틱낫한 스님은 건강에 대해서 "몸을 건강히 유지하는 것은 나무와 구름을 비롯한 우주의 모든 것에 대한 감사의 표시다."라고 말했다. 즉 건강은 나뿐만 아니라 주위를 둘러싼 가족, 친구 등에 대한 감사를 표시하는 것이다. 내 몸이라도 내 마음대로 하면 안 된다. 그래서 이제는 '내 몸 돌아보기'를 해야 한다. 내 몸을 알아가는 것 자체가 또 다른 '공부'인 것이다.

우리는 우리 몸에 대해서 얼마나 알고 있는가? 내 몸이 무엇을 원하는지 알고 있는가? 내 몸에 미안하다고 느낀 적이 있는가? 내 몸은 우리가 함부로 쓰고 나중에 그냥 폐휴지 조각처럼 버리는 것인가?

신체발부 수지부모(身體髮膚 受之父母)라고 하였다. 내 신체는 부모에게 물려받은 것으로 아끼고 소중히 다뤄야 한다. 우리는 비싼 명품, 외제차, 가전기기, 보석 등은 아끼면서 왜 내 몸을 아끼지 않는 것일까?

우리는 우리가 가진 육체적인 건강을 너무나 당연하게 생각하고 있다. 내 몸도 반항한다. 그래서 감기와 몸살을 주고, 각종 위험 신호를 보낸다. 이 신호를 무시하면 결국 우리는 암이나 더 무서운 병에 걸릴 수밖에 없다.

이는 마치 나를 참고 인내해 준 연인이 자신을 너무 함부로 대하자 결국 떠난 경우이고, 떠난 다음에 마음을 되돌리기는 불가능하다. 아무리 다리를 잡고 통사정을 해도 말이다. 내 몸과 건강도 마찬가지인 거 같다. 한번 떠나면 되돌리기 힘들다. 아무리 건강한 20대 시절을 그리워해도 소용없다.

심장은 하루에 10만 번 박동하면서 복잡한 혈관들을 따라서 약 7,560리터의 혈액을 내보낸다. 심장이 건강해야 내 몸도 건강하고 나의 뇌도 건강하게 되는 것이다.《닥터 도티의 삶을 바꾸는 마술가게》라는 책에서 도티 박사(James Doty)는 뇌와 심장이 협력 작업을 한다고 말한다. 또한 우리가 생각하는 것과는 다르게 뇌보다는 심장이 뇌에 훨씬 더 많은 신호를 보낸다고 한다.

즉 몸이 건강해지고, 심장이 잘 뛸수록 우리의 뇌에서는 사랑과 친절함과 보살핌을 더 표현하고 표출할 수 있고 행복해질 수 있다. 그래서 내 심장, 나의 건강에 귀를 기울여야 내 삶도 만족할 수 있다.

앞서 언급한 바와 같이 내 몸의 문제는 온전히 나의 책임이다. 내 삶의 만족은 결국 완벽한 건강에서 나오는 것이다. 오늘 하루는 간을 쉬어주고, 나의 심장에 감사함을 표시하면서 동네라도 한 바퀴 걸어보자. 신선한 공기를 마시며 나무와 꽃도 관찰하면서 말이다.

5-6

일상이 근육이 되는 마법 같은 운동법

어느덧 사무실의 시계는 오전 11시 반을 가리킨다. 갈등이 되기 시작한다. 운동할 것인가? 아니면 밥 먹고 와서 낮잠을 청할 것인가?

우리는 모두 건강하고 멋진 몸매를 갖고 싶어 한다. 하지만 막상 운동하라고 하면 주저하게 된다. 운동하러 가는 것 자체가 큰일이고 부담이 된다. 하지만 공짜로 얻어지는 몸매나 건강은 없다.

세계 3대 운동기구 브랜드인 테크노 짐의 창업자는 운동의 중요성에 대해서 다음과 같이 설명했다. "아무리 능력 있어도 체력이 없으면 무용지물이다. 우리는 건강한 몸을 가진 사람이 좋은 리더가 되고 좋은 아이디어를 낼 수 있다고 믿는다."

이 회사는 건물 앞에 러닝트랙이 있고, 요가를 할 수 있는 공간도 있다. '넛지' 전략(팔꿈치로 슬쩍 찌르는 식의 부드러운 개입)을 써서 낮은 층에는 엘리베이터가 안 서고 나무로 된 계단을 이용하도록 했다.

처음에 불만을 표시하던 직원들도 점차 자신의 건강에 도움이 됨을 알고 계단 이용을 즐기게 되었다고 한다. 페이스북 본사의 옥상에도 인공 정원이 가꿔져 있어서 직원들이 언제든지 산책하면서 운동을 할 수 있다고 한다.

운동이라고 하면 부담을 갖는 사람들이 많다. 농담 삼아 '숨쉬기'가 운동이라는 사람도 많다. 하지만 숨쉬기는 엄연히 운동이 아니다. 그렇다면 우리가 이렇게 몸을 움직이기 싫어하는 이유는 무엇일까?

그것은 기본적으로 우리의 뇌가 변화를 싫어하기 때문이다. 우리 뇌의 편도체(아미그달라; amygdala)는 외부의 위험이나 위협으로부터 우리를 보호하는 역할을 한다. 예를 들어, 우리의 선조들은 사냥을 하다가 호랑이나 사자가 나타났을 때 이 레이더망이 작동해서 자신을 지키기 위해서 몸을 숨기거나 도망갔다.

이렇게 거창한 신변 보호가 아니더라도 우리는 외부의 자극에 대해서 보호 본능이 있다. 그래서 운동이라는 변화에 대한 거부 반응을 일으킨다. 우리는 몸매를 변화시키기 원하지만 '나의 뇌'는 그것을 원하지 않는 아이러니한 상황에 빠진 것이다.

《아주 작은 반복의 힘》이라는 책에서는 거부반응을 일으키는 자신의 뇌를 속여서 실행하는 방법을 제시한다. 이 책의 저자인 로버트 마우어(Robert Maurer)는 뇌의 방어 반응을 피하기 위해서 변화가 인지하지 못할 정도로 작은 변화로 가볍게 해야 한다고 했다. 이를 '스몰 스텝' 전략이라고 한다.

예를 들어, 이 책에는 이혼을 겪은 줄리라는 여성의 사례가 있다.

그녀는 두 아이를 기르고 있지만 우울증을 앓고 비만인데다 당뇨, 고혈압, 심장병 등의 위험질병을 앓고 있었다. 의사들은 당연히 운동을 권고했지만 노력조차 하지 않았다. 그녀의 '아미그달라'가 어김없이 작동한 것이다. 운동이 가져오는 변화에 대한 두려움 때문이다. 그래서 저자는 딱 한 가지만 제시했다. '텔레비전 앞에서 걸어 보는 것은 어떤가요? 하루에 1분씩?' 이것은 우스울 정도로 너무 간단한 것이다. 물론 이러한 1분 운동이 건강에 그다지 도움은 되지 않지만 그녀는 이런 작은 성공에 대해서 점점 자신감을 갖게 되고 운동을 하는 습관을 들이게 되었다.

이제 우리의 일상생활에 적용할 수 있는 '마법 같은 운동법'을 알아보자.

첫째, 나의 뇌를 속이면서 조금씩 하자. 편도체는 큰 변화에는 바로 부정적인 반응을 보이지만 작은 변화에 대한 반응은 약하다. 따라서 밖에 나가서 운동해야 하는데, 귀찮다면 '내가 좋아하는 음악을 들으면서 10분만 동네를 둘러보자'라고 속이자. 음악을 2~3곡 정도 들으면 금방 끝난다. 걷는 것이 점점 더 익숙해진다면 걷는 것 자체에 집중을 해 본다. 잠시 음악을 끄고, 주변의 나무나 꽃, 즐겁게 뛰어 노는 아이들을 바라봐도 좋다. 내 정신도 상쾌해지고, 다리와 엉덩이에 근육이 붙는다.

예전에 아버지가 해 준 말씀이 기억난다. 등산을 힘들게 하는 이유가 정상에 올라가서 신선한 공기를 마시며, 성취감을 느끼는 것도 있지만 무엇보다 하산했을 때 맛있는 국밥집에서 막걸리 한잔하는 그 맛 때문이라고 하셨다. 어떤 식으로든 나 자신을 속여서 운동하면 된다.

미국 대학 농구 역사상 가장 성공적인 코치였던 존 우든(John Wooden)도 스몰 스텝 전략을 차용하였다. "매일 조금씩 바꿔 나가라. 종국에는 큰 변화가 일어난다. 내일도 아니고 모레도 아니지만 결국에는 큰 것을 얻게 된다. 크고 빠르게 변하려고 하지 마라. 하루에 하나씩 작은 것부터 바꿔 나가라. 그것만이 변화하는 유일한 방법이다. 그렇게 해야 지속할 수 있다."

둘째, 내 몸에 귀를 기울여야 한다. 내 몸에 약한 부분이 무엇인지, 무엇을 느끼는지, 어떤 신호를 보내는지 알아야 한다. 몸이 피곤할 때는 무리해서 운동하면 안 되고, 휴식을 취해야 한다. 정신력으로 극복한다고 생각하다가 오히려 몸살이 나거나 부상을 당할 수도 있다. 그렇게 되면 더 오랫동안 운동을 못 할 수 있다. 무릎이 안 좋다면 등산갈 때 꼭 스틱을 챙겨야 한다. 젊은 시절만 생각해서 무리하게 하산한다면 무릎 관절을 다칠 수 있다.

운동도 중요하지만 건강 보조제도 그에 못지않게 중요하다. 보조제는 내 몸 안의 약한 부분을 보완해 준다. 내 몸을 위해서 어떤 비타민을 섭취해야 하는지 알아야 한다. 나는 잠들기 전에 프로폴리스, 오메가 3, 비타민 C 3종 세트를 꼭 챙겨 먹는다.

셋째, 나 자신을 사랑하는 것이다. 지금 내 심장에 손을 올려놓고 "감사합니다."라고 얘기해 보자. 똥배가 나온 나의 몸, 어딘가 불균형하고 아픈 나의 몸을 사랑해야 한다. 나를 사랑하면 사소한 동작 하나하나에도 조심해서 운동할 수 있다. TV를 보면서 깍지를 끼고 하늘로 향해서 치켜들고, 폼롤러나 마사지 볼로 마사지를 해 주는 것도 방법이다. 이러한 행위 자체가 '나를 사랑하는 것'이다.

《왓칭》이라는 책에서 저자인 김상운 작가도 인체의 70%는 물인데, 어떤 마음으로 물을 바라보느냐에 따라 반드시 우리의 몸도 달라진다고 말한다. 즉, 나에 대한 사랑이 나의 몸을 변화시킨다.

마지막으로 제일 중요한 것은 자신의 한계를 설정하는 것이다. 작은 목표를 세웠다가 점차 키우는 건 좋지만 욕심을 내면 안 된다. 내가 아놀드 슈왈제네거(Arnold Schwarzenegger)가 될 수 없다. 따라서 지금 내가 건강을 위해서 해야 할 운동을 단 한 가지를 골라 아주 쉽고 사소한 방법으로 시작해 보자. 《아웃라이어》로 유명한 저자인 말콤 글래드웰(Malcolm Gladwell)의 말을 다시 한 번 새겨보자.

"작은 것이 어떻게 큰 차이를 만들어내는가? 당신이 하는 작은 생각, 작은 행동이 쌓인다면 커다란 결과를 만들어 낼 수 있다."

5-7

20km, 실패를 거듭하며 평생의 실력을 쌓는 나이

20년 전으로 거슬러 올라간다. 20대의 내가 보인다. 무엇을 해야 할지, 어떻게 살아야 할지 방황하는 영혼이다. 이번 글은 45세의 내가 20대의 나에게 하고 싶은 얘기이기도 하다.

오하이오 주립대학의 휘 정 부교수는 20대에 하는 일이 중년의 정신건강에 영향을 미친다고 했다. 즉, 20대에 직업에 대한 불만족은 나중의 인생에 영향을 준다고 한다. 지금의 직업에 불만을 갖고 있는 중년의 회사원들은 이미 입사 때부터 업무에 불만이 있었던 것이다. 그래서 20대에 인생이 결정된다, 부자는 20대에 결정된다, 20대에 공부해야 한다는 등 완벽한 20대의 모습을 주문하는 책들도 많이 있다.

하지만 20대에 배운 실력을 믿고 30대, 40대 이후 노력하지 않는다면 그 밑천이 곧 드러나기 때문에 결코 자만하면 안 된다. 20대에 너무 잘나가다 보면 나중에 인생의 큰 변곡점이나 전환점에서 헤쳐 나올 '힘'을 기르지 못한다.

메이저 대회에서만 14승을 거두었고, 전성기 때 매년 1억 달러(약 1,200억원) 이상을 벌어들일 정도로 전 세계의 슈퍼스타였던 골프 선수가 있다. 마스터즈 대회에서 우승했을 때 그의 나이 27세였고, 이후 천하무적이었다. 하지만 그는 더 이상 천재가 아니다. 다른 프로 골프 선수와 별 차이 없는 실력으로 떨어졌다. 누구보다 화려한 20대를 보냈지만 또한 누구보다 화려한 여성 편력을 자랑했다. 그는 바로 골프 천재라 불리던 타이거 우즈다.

물론 부상이라는 원인도 있지만 너무나 완벽하고 화려한 인생 뒤에 찾아온 기나긴 암흑기였다. 예전에 타이거 우즈의 신화를 얘기할 때면 그가 아버지의 엄격한 교육으로 인해 누구보다 절제력이 뛰어나다고 했다. 하지만 자신에게 전혀 여유를 못 주면서 쌓이고 쌓인 스트레스가 결국 안 좋은 쪽으로 분출되었다.

만약 20대 때 그가 좀 더 자신의 마음에 여유를 두고 생활했다면 어땠을까? 지금은 골프를 즐기면서 좀 더 롱런하는 선수가 되지 않았을까 라는 생각이 든다. 따라서 적당한 실패와 방황을 하면서 나만의 회복 탄력성을 기르는 것이 중요하다.

20대에게 너무 열심히 살지 말라고 조언하는 사람이 있다. 그녀는 미국의 대표적인 블로그 뉴스인 〈허핑턴 포스트〉의 창업자인 아리아나 허핑턴(Ariana Huffington)이다. 20대의 삶에는 여유가 있어야 한다고 하면서 다음과 같이 말했다. "우리는 성공을 이루려면 모든 에너지를 소진해야 한다고 생각하며 살아왔다. 너무나 오랫동안 이런 망각 속에서 행동해왔다. 하지만 젊은이들에게 이렇게 말해 주고 싶다. 일을 열심히 하는 것뿐만 아니라 플러그를 뽑고 재충전을 하고, 스스로를 재생할 줄 안다면 자연스럽게 성장할 수 있다고."

만약 내가 그녀의 말을 25년 전에 만났다면 나의 방황을 좀 더 즐기면서 살 수 있었을 것이다. 불행히도 나는 플러그를 뽑는 법을 모르다가 과열되어서 쓰러졌다. 나는 공대에 입학했을 때 최선을 다해서 공부하고 20대에 빨리 박사 학위를 받아서 교수가 되려고 했다. 그것이 나의 꿈이 아니었다. 그냥 남들에게 멋있어 보이기 위해서였다.

하지만 전공과목은 그다지 흥미롭지 않았다. 그렇다고 다른 공부가 너무 하고 싶지도 않았다. 역사에는 관심을 가졌지만 그것이 평생의 업이 아니라고 생각했고 대중음악도, 재즈도 평생의 직업은 아니라고 생각했다. 그래서 학교 도서관에 있는 비전공 서적들(무라카미 하루키, 이외수, 이문열 작가 등의 소설류)을 닥치는 대로 읽으면서 무언가 해결의 실마리를 찾고자 했으나 답을 얻지 못했다.

여러분은 완벽한 20대의 삶이 어떤 것이라고 생각하는가? 잠시 책을 덮고 생각해 보자. 대학을 우수한 성적으로 졸업해서, 일류 기업에 취직하거나 박사 학위를 받아서 교수가 될 수 있다. 스타트업을 시작해서 백만장자가 되어 클럽을 다니며 돈을 물 쓰듯이 쓸 수 있다. 물론 이렇게 남들이 말하는 완벽한 20대를 살았다면 더 이상 방황할 필요 없다고 생각하지만, 사실 그런 삶은 세상에 존재하지 않는다.

전 세계의 영적 지도자인 틱낫한 스님은 "행복은 고통 없이 존재할 수 없다."라고 말했다. 베스트셀러 《신경 끄기의 기술》의 저자 마크 맨슨(Mark Manson)은 "행복으로 가는 길에는 똥 덩어리와 치욕이 널려 있다."라고 말했다. 즉, 우리는 젊은 시절 방황을 통해서 성장하고 성숙한다.

《3개의 소원 100일의 기적》의 저자인 이시다 히사쓰구는 폭포에서 수련할 때 폭포가 '차갑다, 아프다, 고통스럽다'라고 믿고 폭포 밑으로 들어가면 몸이 그 생각에 맞추어 반응하지만, 단념의 경지에 이르면 몸은 반응하지 않는다고 한다. 즉, 결국 자신이 마음먹기에 달린 것이다. 폭포, 즉 고통은 그 자리에서 항상 똑같이 흐른다. 인생에 고통이 있다고 생각하고 포기할 때 오히려 우리의 마음은 편해진다.

앞서 얘기한 바대로 내 인생의 20대는 가장 찬란하지 않고 암울한 시기였다. 자신의 정체성을 찾지 못한 채 끊임없이 방황했다. 왜 살아야 하는지, 무엇을 위해 살아야 하는지에 대한 답을 찾으려고 했다.

그 답을 찾기 위해서 다양한 사람을 만나고 많은 일을 해봤지만, 뚜렷한 답이 없었다. 이렇게 20대는 방황하고 고민하는 시기이고, 그래도 괜찮은 나이이다. 어떤 것이든 자신의 실력을 쌓기 위해서 좌충우돌해야 하는 나이이다. 그것이 전공이든, 자신이 좋아하는 일이든, 인간관계든 모든 분야가 해당한다.

하지만 한 가지 명심해야 할 것은 고민과 방황을 하면서도 나에게 끊임없는 질문을 해야 한다는 것이다. 《지금 이대로 괜찮을까》의 이도권 작가는 가장 나답게 만드는 질문이 필요하다고 했다. 그 질문은 나의 목소리를 듣는 것이고, 이를 통해서 우리는 가장 힘든 시기에 나를 버티게 할 수 있는 자존감을 형성할 수 있다.

마라톤에서 약 20km는 하프코스라고 한다(정확히는 21.0975km이다). 42.195km를 뛰기 전에 준비하는 단계이다. 20대도 20km를 뛰는 것과 같다. 하프코스를 달리기 위해서는 뛰는 법을 배워야 하고 기본 체력과 실력을 쌓아야 한다. 물론 쉽지는 않다. 처음에 잘해야 1km를 뛸 수 있다. 하지만 실패를 거듭하면서 어느 순간 20km를 뛰게 된다. 즉, 20대는 기본기를 쌓고 나에게 맞는 것이 무엇인지 배우고 실력을 쌓는 나이이다.

예전의 20대였던 나에게 40대 중반의 내가 하고 싶은 말이 있다.

"나단아, 지금의 고통과 방황을 인정하자꾸나. 잠시 플러그를 뽑아도 괜찮단다."

5-8

30km, 묵묵히 나의 무기를 만들어가는 나이

〈마라톤 타임스〉에 의하면 마라톤에서 가장 힘든 구간이 33km 이후 38km까지라고 한다. 특히 선수들의 60% 이상이 30km 이후에 급격한 체력 및 근력 부족으로 속도가 떨어져 기록이 나빠진다. 즉, 30km 전까지는 편안하게 달리지만 30km를 넘어서면 급격히 체력 저하를 느낀다. 특히 수분 섭취를 제대로 못 하면서 에너지가 갑자기 소모되고, 이를 방지하기 위해서는 달릴 때 미리 일정한 간격으로 수분 섭취를 해야 한다. 즉, 목이 마르지 않더라도 꾸준히 수분을 섭취해야 한다. 그래야만 체내의 에너지 소모량도 밸런스를 맞추면서 소비된다.

마라톤이라는 경기는 무엇보다 자신에 대한 믿음이 필요하다. 전설의 복서인 무하마드 알리(Muhammad Ali)는 "믿음이 부족하기 때문에 도전하길 두려워하는바, 나는 스스로를 믿는다."라고 말했다. 하지만 그 믿음을 위해서는 철저한 준비가 필요하다. 무조건 나를 믿고 뛴다고 뛸 수 있는 것이 아니다. 아무 준비 없이 뛴다면 10km만 뛰고 쓰러질 것이다. 30km 이후를 준비하는 선수와 같이 30대는 자신의 몸과 마음 관리를 잘해야 한다. 20대가 실패를 경험하면서 이것저것 해보는 나이라면 30대는 자신을 관리하면서 꾸준히 준비하는 나이이다.

물론 30대도 실패할 수 있다. 하지만 예전처럼 무작정 앞으로 달려가며 실패를 하는 것이 아니라 이제는 목표를 갖고 실패하는 것이다. 즉, 20대가 영점 조정을 위해서 총을 쏘는 시기라면 30대는 본격적으로 과녁을 향해서 총을 쏘는 것이다. 꼭 가운데를 안 맞춰도 상관없다. 조준력을 높이고 실력을 키우는 시기이다. 그리고 꼭 주어진 과녁만 목표로 할 필요는 없다. 이 과녁이 아니면 다른 과녁으로 바꿔도 된다. 즉, 현실에 안주해서도 안 된다.

30대가 되면 내가 어느 정도 인생을 알게 되었다고 생각한다. 결혼하는 사람도 있고, 인생을 더 즐기기 위해서 결혼을 생각하지 않는 사람도 있다.《30대, 성공을 버리고 진짜 꿈을 향해 나아갈 것이다》라는 책에서 저자는 가장 중요한 것이 자신에게 한계를 설정하지 않는 일이고, 한계를 정하지 않는 것이 인간의 성장을 위해서 큰 가치 중의 하나라고 말한다. 따라서 자신의 한계를 설정하지 말고 내 꿈을 이루기 위해서 그 분야에 투자해야 한다.

회사 업무도 전문가가 되기 위해서 공부를 해야 하고, 자신이 진짜 하고 싶었던 공부에도 투자해야 한다. 앞서 언급한 파일럿 후배도 원래 대기업에 취직했으나, 하늘을 날고 싶은 꿈을 포기하지 않고 30

대부터 노력해서 지금은 대형 항공사의 부기장으로 근무하고 있다.

한 음악 연구 사이트에서 미국 스트리밍 서비스의 데이터를 분석해 본 결과 사람들이 평균 33세부터 더 이상 새로운 음악을 듣지 않는다는 연구 결과가 나왔다. 물론 사람들이 어렸을 적 즐겨 듣던 음악을 찾는 것은 당연한 현상이지만 그렇다고 새로움에 대한 관심을 끊어서는 안 된다.

지금도 나는 음악 스트리밍 서비스에서 나오는 최신 음악을 쭉 들어보고 마음에 드는 음악은 다운로드한다. 사랑에 국경이 없듯이 음악에도 나이가 문제가 되지 않는다. 30대는 멈추지 말고 새로운 것을 계속 접해야 한다.

나는 입사하고 나서 5년 만에 큰 변화를 위해서 IR팀(Investor Relationship)으로 전환배치를 선택하고(그 당시 내 앞에 6명이 거절했다. 일이 힘들 것이라는 이유였다) 5년간을 보냈다. 즉, 32세부터 37세까지 30대의 가장 중요한 순간을 새로운 부서에서 도전했다. 출장도 많고 업무가 고단하고 힘들었지만 그 업무 경험들과 인간관계가 나의 인생에 있어서 큰 도움이 되었다.

그때 새롭게 사귄 사람 중에는 지금도 연락하고 잘 지내고 있는 사람들도 있다. 또한 전 세계를 돌아다니면서 많은 투자자와 성공한 사람들을 만나면서 세상에 대한 시야를 크게 넓힐 수 있었다. 물론 그냥 기존 부서에 남을 수도 있었지만, 현실에 안주하고 싶지 않았고, 새로운 것에 도전하고 싶었다.

다시 한번 강조하지만 30대는 안주하는 나이가 아니고 도전하는 나이이다. 비록 주위의 30대가 젊은 시절 취업 준비로 많이 지쳐서 더 이상 도전을 멈추었다고 해도 나의 무기를 계속 갈고 닦아야 한다.

앞서 언급한 대로 나만의 경제적 능력으로 내가 원하는 공부를 할 수 있다. 그것이 어학일 수도 있고, 악기, 수영, 헬스, 꽃꽂이 등 다양하다. 그 무기를 갈고 닦고, 40대를 맞이하는 사람과 아닌 사람은 점차 차이가 벌어진다.

또한 무엇보다 내 몸을 아껴야 한다. 40대가 되면 체력이 달라진다고 하는데, 정말로 그게 사실이다. 평소에 건강을 잘 관리해서 나만의 건강 계좌에 잘 저축을 해 둬야 한다. 언젠가는 저축을 깨고 돈을 찾아야 하는데, 그때 저축된 돈이 없다면 마이너스 통장, 마이너스 건강이 된다. 그렇다고 자기계발만 열심히 하고, 건강만 잘 챙긴다고 다 되는 것은 아니다.

마지막으로 경험과 추억을 많이 만들어야 한다. 각종 설문 결과에 따르면 나이가 들어서 노인이 되면, 돈을 더 모으지 못한 것보다 붙잡지 않은 기회나 경험과 같이 과거에 하지 않은 일을 가장 안타깝게 여긴다고 한다.

30대를 너무나 충실히 살기 위해서 회사 업무와 자기계발에만 시간과 돈을 바칠 필요는 없다. 신체적으로 건강하고, 경제적으로 여유가 생기기 때문에 많은 추억도 만들 수 있다. 더 바빠지기 전에 다양한 곳으로 여행을 가는 것도 추천한다. 누군가 '사람은 추억을 먹고 산다고' 말했다. 많은 추억을 만들 나이이기도 하다.

30대는 나만의 성공에 대한 정의가 있어야 한다. 회사에서의 성공을 위해서 열심히 일하는 것도 중요하지만 그것은 성공의 정의를 어떻게 두느냐에 따라서 다르다. 영국의 시인인 존 밀턴(John Milton)이 쓴《실락원》에 이런 구절이 있다. "때와 장소에 따라 마음이 변하는 것이 아니라 마음 자체가 자기 자리이니, 그 안에서 지옥이 천국일 수도 있고, 천국이 지옥일 수도 있다."

꼭 임원이 되어야 성공한 것이고, 그렇지 않은 것이 실패라고 인생을 이분법으로 정의할 수 없다. 그것이 임원일 수 있고, 사장일 수 있고, 본인이 근무하는 분야에서 전문가가 되는 것일 수도 있다. 아니면 그냥 내가 하고 싶은 것을 하면서 즐겁게 사는 것일 수도 있다. 결국 성공과 실패는 그것을 어떻게 인식하느냐에 달려 있다.

알베르트 아인슈타인은 "성공한 사람보다는 가치 있는 사람이 되려 하라."라고 말했다. 30대는 내가 생각하는 인생의 가치가 무엇인지 꾸준히 뛰면서 생각해 볼 나이이다. 그러면서 꼭 주어진 마라톤 코스를 뛸 필요는 없다. 그 코스가 재미없다면 다른 코스로 뛰어보는 것도 좋은 경험이다. 아스팔트 위가 되었든 잔디밭이든 상관없다. 아직 도전을 멈추지 말자.

5-9

40km, 결승선을 앞두고 나만의 페이스를 유지해야 하는 나이

"나는 지난 49년 동안 곧 죽을지 모른다는 생각과 함께 살아왔다. 죽음이 두렵지는 않지만 빨리 죽고 싶지도 않다. 나는 해 보고 싶은 것이 너무 많다."

— 스티븐 호킹, 영국 매체 〈가디언〉과 인터뷰 중

이렇게 우리의 인생은 길다면 길다고 할 수 있지만 역시 죽음은 두렵다.

지인에게서 문자가 왔다. 어떤 문자인지 열어보니 웹사이트와 링크되어 있었는데 오랜만에 보는 낯익은 얼굴이 보였다. 그는 전 세계에서 가장 큰 펀드 회사에서 펀드매니저 겸 애널리스트를 하는 분이다. 그런데 그가 암으로 휴직 후 투병 중이라는 얘기만 들어서 문득 부고가 아닌가라고 생각되었다.

역시나 부고였다. 순간 가슴이 쓰렸다. 그 부고에는 그의 평생 업적, 가치관, 친구, 가족들, 병마와 싸워온 가슴 아픈 얘기가 상세히 적혀 있었다.

그를 처음 만난 건 2006년 1월 라스베이거스의 한 미팅 룸이었다. 미팅 룸을 들어가서 만나보니 나를 무슨 범죄자처럼 취조하는 것 같았다. 나는 IR팀에 있어서 투자자들에게 회사에 대한 바른 정보를 제공하고 심성 관리도 해야 했지만 조금 정도가 심한 거 같았다. 인종차별은 아니지만 속으로 '전형적인 잘난 백인 녀석'이라고 욕도 했다. 그런데 알고 보니 그는 우리 회사의 3대 주주 안에 드는 회사의 펀드 매니저 겸 애널리스트라고 했다.

내가 괜히 그의 심기를 건드리지 않았나 걱정도 들었다. 그리고 5년 동안 그를 지겹게 만났는데 그는 유머도 곧잘 하고 업무상 어쩔 수 없이 까칠할 수밖에 없음을 알게 되었다. 또한 소문으로는 한해 보너스로 40억원을 받고 집에 테니스 코트도 있어서 선생님이 테니스를 가르치러 온다고 했다. 그런 그가 2~3년간 병마와 싸우다 떠났다. 역시 똑똑한 사람답게 그는 모든 실험적인 의학요법을 다 사용한 거 같았다.

그를 보면 스티브 잡스가 생각난다. 그는 업무에 대한 열정도 대단했지만 굉장히 가정적이었다고 한다. 돈도 많고 똑똑하고 지적이고 누구보다 자신감이 넘쳤다. 그는 불꽃같이 살다 떠났지만 인생이 행복했는지는 알 수 없다. 다만 그가 떠난 후 그의 남겨진 저택과 테니스코트 그리고 가족들이 생각날 뿐이다. 비록 아버지가 막대한 유산을 남겼지만 아빠 없는 아이들은 어떤 마음일까? 아이들의 졸업식이나 결혼식 등에 아빠의 부재는 어떻게 다가올까?

문득 50대 부자의 죽음을 보면서 그의 40대는 어땠을까 라는 생각이 들었다. 만약 50대에 자신이 곧 죽을 시한부 인생이었다고 알았다면 그는 어떤 선택을 했을까 라고 생각한다. 왠지 인생을 즐기고 가족들과 더 많은 시간을 보내지 않았을까 라는 상상도 해 본다.

예능의 대세는 슬로우 라이프와 공감, 소통이다. 〈효리네 민박집〉, 〈윤식당〉, 〈삼시세끼〉라는 프로그램이 대표적이다. 이 예능 프로그램들을 보면 알겠지만 로봇이 인간을 대체한다는 4차 산업혁명과는 완전히 거리가 멀다. 〈삼시세끼〉는 시골집을 빌려서 밭일이나 낚시 등을 하고 밥해 먹는 이야기이고, 〈효리네 민박〉도 연예인 이효리의 제주도 집에서 같이 밥해 먹고 음악 듣고 이야기하는 것이다. 〈윤식당〉은 또 어떤가? 외국에서 현지인에게 낯선 한국 요리를 대접하면서 보람을 느끼는 연예인들의 모습을 보여준다.

이 장면들은 전혀 돈벌이와 상관없다. 이들은 자신의 힘으로 음식을 하고 같이 공감, 소통하면서 힐링을 느끼는 것이다. 한마디로 느림과 여유의 미학이다.

영화 〈주토피아〉를 보면 '나무 느림보'가 은행원으로 나온다. 너무나 빠른 토끼나 여우에게는 답답해서 거의 미칠 지경이다. 물론 회사에 이 정도로 느림보가 있다면 심각한 문제일 것 같다. 이렇게 극단적인 나무 느림보가 될 필요는 없지만, 가끔씩 업무에서 손을 떼고 하늘을 올려다보거나 눈을 감고 쉬어 보는 것이 어떨까 싶다.

예전에 출근하는데 한 선배가 나한테 이렇게 말했다. "나단은 걸음걸이가 아주 느긋하네."라고 말이다. 그러고 보니 내가 걷는 걸음걸이는 '어기적어기적' 걷는 식이다. 마치 조선 시대 양반이 뒷짐 지고 걷는 방식이라고 할까? 가끔 길옆 나무나 꽃도 보고, 사람들의 표정도 본다. 반면 어떤 사람은 항상 쫓기듯이 걷는다. 걸음 소리만 들어도 누구인지 알 정도다.

40대가 되면 느림의 미학을 배울 때이다. 이제는 업무의 업 앤 다운의 사이클도 알고, 중요한 것, 덜 중요한 것도 구분할 수 있다. 업무의 강약을 조절하고, 내가 하는 일도 잠시 멈춰서 왜 하는지 돌아봐야 한다. 이렇게 느림의 미학을 실천하고 배울 때 남들과 대화를 할 때도 좀 더 느긋하게 들어줄 수 있고 나만의 '품격'을 완성하게 된다. 그렇다고 무조건 천천히 하라는 것이 아니고 '강약 조절하기', '우선순위 정하기'가 중요하다.

우리의 인생은 재즈와 같다. 처음에는 재즈의 비밥이나 라틴(빠른 재즈 연주곡)처럼 20대를 보냈다면, 30대는 스윙(미드 템포의 곡)과 같고, 40대 이후는 발라드와 같다. 재즈에서 발라드는 굉장히 무거우면서 중후한 느낌을 준다. 이렇게 발라드로 오기까지 우리는 수없이 많은 자유와 방황이라는 즉흥연주를 해왔다. 그러면서, 절제의 미를 배우고 또한 공감 능력을 배우게 된다.

나이 40이 넘으면 인생의 중후함을 배우게 된다. 물론 20, 30대 때도 '발라드'를 연주한다. 하지만 자유와 절제, 공감을 배운 40대 이후의 연주는 확실히 다르게 느껴진다. 나도 결혼하고 아이를 키우고 회사나 사회생활에서 인생의 단맛, 쓴맛을 보고 나서 다시 발라드를 연주해 보니 피아노 노트, 노트마다 느낌이 다르게 다가온다.

안병욱 교수가《명상록》이라는 책에서 얘기한 것처럼 인생은 긴 여행이다. "인생은 긴 여행과도 같습니다. 생명이 탄생하여 죽음으로 끝이 나는 약 80~90년의 유한한 여행, 그것이 우리의 인생입니다. 내가 살고 있는 집은 나의 영원한 집이 아닙니다. 얼마 동안 머무르다가 언젠가는 떠나야 하는 한때의 여인숙(旅人宿)입니다."

인생과 닮은 마라톤인 42.195km를 다 뛰었다고 끝은 아니다. 즉, 40대가 끝은 아니라는 이야기다. 다들 조기 퇴직에 대해서 두려움을 느끼고 50대에는 무엇을 할지 모른다고 한다. 하지만 40대는 다음 마라톤 경기를 준비할 나이이다.

50대 이후의 인생은 굳이 40km를 뛰지 않아도 된다. 10km 또는 5km만 뛰지 않고 걸어도 된다. 이제는 경기가 아니다. 50대부터는 천천히 걸으면서 주변의 여유를 즐기면서 남은 인생을 준비하면 된다. 그러기 위해서는 40대부터 나만의 페이스를 유지하고 50대 이후를 준비해야 한다. 이제 후반전 시작이다.

나만의 생각과 함께

5장 되짚어보기

5-1 〈나를 소중히 여기는 것, 마음공부의 핵심〉

명상을 통해서 있는 그대로의 나의 모습을 바라보자.

5-2 〈살아본 게 처음이라 당연히 실수할 수밖에〉

실수를 삶의 한 부분으로 받아들이자.

5-3 〈마음을 책으로 읽다〉

책을 통해 내 마음을 알고 치유하자.

5-4 〈식스팩이 아닌 식스센스부터 길러라〉

직감은 인풋, 바라보기, 호기심을 통해서 이룰 수 있다.

5-5 〈자기만족은 완벽한 건강에서 비롯된다〉

건강은 우리의 삶을 만족하고
품격을 갖추기 위한 기본 조건이다.

5-6 〈일상이 근육이 되는 마법 같은 운동법〉

사소한 나만의 운동법을 찾아서 꾸준히 하면
마법 같은 일이 벌어진다.

5-7 〈20km, 실패를 거듭하며 평생의 실력을 쌓는 나이〉

실패를 거듭하며 자신의 틀을 만들고
실력을 쌓아가는 나이가 20대이다.

5-8 〈30km, 묵묵히 나의 무기를 만들어가는 나이〉

30대는 현실에 안주하지 않고
꾸준히 달리고 새로운 것도 경험해야 하는 나이이다.

5-9 〈40km, 결승선을 앞두고 나만의 페이스를 유지해야 하는 나이〉

40대는 나만의 페이스로 품격을 완성하고,
남은 인생을 준비할 때이다.

6장

다양한 언어를 공부하다: 스펙spec이 아닌 스페셜special을 위한 언어의 기술

6-1

외국어를 '왜' 배우는가에 따라 언어의 품격이 달라진다

방탄소년단(BTS)의 리더인 RM(랩몬스터)은 독학으로 영어를 공부했다. 그의 영어 공부법은 이미 널리 알려졌듯이 미드(미국 드라마)인 〈프렌즈〉를 통해서였다. 그의 이러한 꾸준한 공부는 결국 유엔 연설로까지 이어졌다. 또한 해외 공연 시 멤버들을 통역하면서 자신의 존재감을 키울 수 있었다.

개그맨 김영철 씨도 필사적인 서바이벌 영어를 통해서 자신을 '영어 잘하는 개그맨'으로 브랜드화했고, 마찬가지로 개그맨 조혜련 씨도 일본 방송에 출연해서 일본어를 능숙하게 구사했다. 또한 중국어 레슨도 꾸준히 받아서 책도 출간했다.

외국어는 연예인이 자신을 브랜딩화하는 데 도움이 되는데, 일반인에게는 어떠할까? 한 취업포털 사이트에서 20세 이상 성인 남녀 1,714명을 대상으로 조사한 결과 외국어 능력을 기르고 싶은 이유가 첫째는 취업 및 이직(38.3%)이고, 그다음이 해당 국가 문화에 관심(26.9%), 해외여행 중 소통(18.4%), 업무 수행(13.9%), 외국인 친구 사귀기(2.5%) 순으로 나타났다.

일반적으로 외국어를 공부하는 첫 번째 이유는 스펙 쌓기다. 물론 외국어를 잘한다면 사회생활에 플러스가 되는 경우가 많다. 회사에 입사할 때도 외국어 실력은 당연히 가산점이 되고, 회사에서도 외국어 실력이 있는 사람들이 다른 이들보다 이런저런 기회를 더 많이 받기도 한다.

하지만 이것이 외국어를 공부하는 이유의 전부인가? 외국어를 공부하는 것은 나의 스펙을 쌓고, 나를 브랜드화시키고, 회사생활에 도움이 되는 것 외에 좀 더 근본적인 목적이 있어야 한다. 그렇지 않으면 공부 자체를 즐길 수 없고, 오래 공부할 수도 없다.

내가 외국어를 배우는 이유는 실용적인 측면도 있지만 무엇보다 '나와 남에 대한 호기심'이 있기 때문이다. 나는 어릴 적 백과사전을 보면서 다른 나라에 대한 관심이 많았고, 세계 지도를 보면서 여기에 사는 사람들은 어떤 생각을 갖고 있고, 어떤 말을 사용할지에 대한 호기심이 많았다. 호기심은 외국어를 공부하는 데 있어서 기본이 되고 공부가 힘들고 포기하고 싶을 때 든든한 버팀목이 된다.

외국어는 나 자신을 변화시킨다. 외국어를 공부하다 보면 사고방식의 변화와 새로운 나를 발견할 수 있다. 프랑크 왕국의 샤를마뉴 대제는 "외국어를 배운다는 것은 두 번째 영혼을 소유하는 것과 같다. To have another language is to possess a second soul."이라고 말했다.

요새는 구글 번역기라든지 여러 가지 번역 프로그램과 앱이 있기 때문에 외국어를 배울 필요 없다고 생각하는 사람들이 많다. 하지만 외국어를 배우는 것은 다른 영혼을 소유하는 것과 같다. 연구에 따르면 영어를 사용하는 사람은 좀 더 진취적이 된다고 한다. 나도 한국어로 생각을 표현할 때와 다른 외국어로 표현할 때 느낌이 다르다.

한국어, 일본어에는 존대어가 있고, 영어, 중국어에는 존대어 표현이 별로 없기 때문이다. 사람에 따라 다르겠지만 나는 한국어와 일본어를 쓰면 좀 더 조심스럽고, 영어는 자신감을 가지고 말하게 된다.

투자자를 상대로 하는 IR팀에서 근무할 때 같이 일하던 동료는 내가 평소에는 조심스럽게 말을 해서 조용하고 내성적인 사람이라고 생각했는데, 미국 투자자와 얘기할 때는 농담도 잘하고 적극적으로 대화를 이끌어 나가서 놀랐다고 한다.

경영대학원에 다닐 때 복수 학위라서 영어, 한국어 수업이 따로 있었다. 미국 초빙 교수님 수업에 참석할 때는 좀 더 적극적으로 수업에 참여하고 내 의견을 자신 있게 얘기하였는데, 한국 교수님 앞에서는 왠지 주눅 드는 느낌이 들었다. 물론 한국 교수님들도 외국 생활을 많이 하셔서 질문하는 것에 대해서 친절하게 잘 받아주셨다.

하지만 한국어에는 일단 존경어가 들어가야 하기 때문에 무엇인가 나를 가로막는 것이 느껴진다. 저명한 언어학자 벤자민 리 워프(Benjamin Lee Whorf)도 "언어는 우리의 행동과 사고를 결정한다. 다른 언어를 사용하는 사람들은 세상을 다르게 인식하고 이해한다."라고 말했다. 2개, 3개 또는 4개의 언어를 쓰다 보면 또 하나의 나 자신을 발견하게 된다. 얼마나 즐거운 일인가? 언어를 통해서 또 다른 나 자신을 찾는 것이.

외국어는 우리의 호기심도 채워주고, 자신을 변화시킬 수 있는 아주 흥미로운 존재인데, 그렇게 생각하지 못하는 사람들이 많다. 그것은 어쩔 수 없는 입시 위주의 교육과 스펙 쌓기의 자기계발로 외국어를 사용하기 때문이다. 앞서 언급한 취업포털 사이트의 설문 조사에서도 자기계발을 위한 공부 중의 1위가 외국어 능력 향상(30.1%)이라고 한다. 이건 마치 우리가 취미가 뭐예요? 라고 물어보면 '독서'라고 대답하는 것과 별반 다르지 않다. 그러니 재미가 없을 수밖에 없다.

우리는 어릴 때 외국어를 반강제적으로 배운다. 어느 날 거리를 룰루랄라 걷고 있는데 외국인 노부부가 나에게 지하철역을 물어봤다. 지금은 구글 맵이 있어서 쉽게 찾을 수 있지만 그때만 해도 스마트폰이 없어 주변 사람들에게 물어서 길을 찾아야 했다. 나는 순간 'Go'라고 하고 손가락으로 지하철역 위치를 가리켰다. 부끄럽지만 그때의 나는 고등학생이었다. 최소한 고등학생이라면 이 정도 영어를 해야 했다. 'You can go straight, and you can find the subway in 5 minutes. Have a nice trip.' 관계 명사, 형용사, 부사, 과거완료 등 문법은 이미 달인의 경지에 올랐는데도 회화 능력은 유치원생 수준이었다. 내가 외국어를 호기심을 갖고 공부했다면 단순히 시험 점수 때문이 아니라 회화 공부에 좀 더 열중했을 것이다.

요새 아이들의 영어를 봐주면서 느낀 것은 예전보다는 문법보다 회화를 많이 가르치는 거 같아서 다행이다. 더 이상은 'How are you? Fine thank you, and you?'는 하지 않을 거 같다. 따라서 아이들이 외국어에 좀 더 흥미를 느낄 수 있도록 옆에서 도와줘야 한다. 그냥 시험을 잘 친다고 칭찬을 해 줄 것이 아니고 외국어를 배우는 것이 너무 재미있고 흥미로운 공부임을 느낄 수 있도록 해 줘야 한다. 그래야 아이들도 공부를 더 즐겁게 그리고 오래 할 것이다.

우리는 외국어를 왜 배우는가? 시험을 위해서인가? 승격 포인트를 위해서인가? 아니면 단순한 스펙 쌓기인가? 그 이유를 먼저 생각해 보자. '왜' 배우냐에 따라서 그 언어의 품격은 달라진다.

6-2

컬처를 이해하지 않는 외국어 공부는 껍데기일 뿐이다

"또 어학 강좌 등록하셨어요?"

오늘도 이런 질문을 들었다. 바쁜 회사생활에서도 사내 어학강좌는 계속 등록했다. 퇴근 후나 주말 과정을 등록했거나 시간이 없으면 온라인 강좌나 전화 외국어 강좌를 등록했다. 지금도 일본어, 중국어를 번갈아 가면서 공부하고 있다.

중년의 나이임에도 외국어 공부에 대한 열정은 줄어들 기미가 보이지 않는다. 대학교 다닐 때도 전공과목은 소홀했지만 학교 내 어학강좌는 열심히 들은 기억이 난다. 영어를 좋아하시는 철학자 아버지의 DNA를 물려받은 것인가? 해외여행을 좋아하시는 어머니의 영향인가? 왜 이렇게 나는 외국어 공부를 멈출 수 없는 것일까? 나에게 무슨 잠재의식이 있는 것일까?

마이크로소프트의 창업자인 빌 게이츠가 일생에서 가장 후회하는 것은 외국어를 하나도 못한다는 것이다. 그가 온라인 커뮤니티 레딧(Redit)의 질문 응답 이벤트에서 '가장 후회하는 것이 무엇인가?'라는 질문에 대해서 '외국어를 배워두지 않은 것, 영어밖에 못해서 멍청한 것이 일생 중 가장 큰 후회'라고 말했다. 그는 페이스북의 창업자인 마크 저커버그가 중국 대학생들과 중국어로 질의응답하는 것을 보고 놀랐다고 한다.

전 세계에서 제일 유명한 부자 중의 한 명임에도 불구하고 빌 게이츠는 외국어 공부의 중요성을 이제야 깨달은 것이다. 아마도 빌 게이츠는 외국어보다는 컴퓨터 언어에 더 관심이 있었고, 외국어를 쓸 필요가 있는 환경에 노출되지 않았기 때문이다. 영어가 전 세계 공용어이기 때문에 더욱 그렇지 모른다.

사실 마크 저커버그도 중국계 미국인 부인을 만나지 않았다면 중국어를 배울 필요성을 느꼈을까라는 생각도 든다. 아마 그는 중국어 공부를 통해서 비즈니스 측면뿐만 아니라 사랑하는 부인의 모국에 대해서 좀 더 이해하고 싶었을지도 모른다.

내가 아직도 외국어를 공부하는 열정이 있는 것은 앞서 언급한 '호기심' 때문이다. 호기심은 다른 나라의 문화와 역사, 생활양식, 사고방식 등에 대한 관심이다. 이를 통틀어서 넓은 의미로 '컬처(Culture, 문화)'라고 하자. 이러한 배경에는 원인이 있다.

어렸을 때 어머니는 다른 공부보다 한자를 많이 가르쳐 주셨다. 매일 3~5장씩 한자 학습지를 외우고 시험 봤는데 그때 배운 한자를 통해서 한자의 매력에 빠졌다. 특히 상형문자를 보면서 나무가 어떻게 나무 목(木)이 되고, 물이 어떻게 물 수(水)가 되는지가 신기하게 느껴졌다. 이러한 한자에 대한 관심은 우리나라, 더 나아가서 중국, 일본의 역사와 문화까지 관심을 갖게 만들었다. 만약 어머니가 그렇게 한자를 열심히 가르쳐주지 않았다면(물론 그때는 안 외웠으면 혼이 났다) 나의 잠재의식에는 한자에 대한 어려움, 거부감으로 인해서 다른 동양권 문화 및 언어에 대한 관심이 줄어들었을 것이다.

이런 어린 시절 경험이 자연스럽게 중국과 일본 문학을 접하게 했다. 학창 시절 읽었던 《삼국지》, 《수호지》, 사마천의 《사기》, 심지어 김용 작가의 무협 소설은 중국 문화에 대한 관심을 갖게 했고, 고등학교 3학년 때 우연히 읽은 일본 소설 《설국》도 일본이라는 나라의 문화 및 역사에 대해서 흥미를 느끼게 만들었다.

이렇게 그 나라의 문화, 사고방식에 대한 관심이 저절로 외국어 공부를 하도록 이끌었다. 나의 꿈 중에 하나는 일본인 친구가 선물해 준 무라카미 하루키 작가의 《상실의 시대》 원본을 읽는 것이다. 지금도 내 책장에 꽂혀 있는 이 책을 볼 때마다 일본어 공부의 열정이 살아난다.

이제는 승진이나 입시 준비를 위해서 언어의 기술만 습득하는 시절은 지났다. 이렇게 배운 언어의 수명은 짧다. 또한 아무리 본인이 외국어를 잘한다 해도 현지인을 따를 수는 없다. 하지만 그 나라의 문화, 관습, 역사 등은 관심을 갖고 공부하다 보면 오히려 현지인을 앞설 수 있다.

상상해 보자. 외국인이 단군 신화를 얘기하고, 호랑이와 곰이 동굴에서 마늘을 먹고 견디었던 신화를 애기한다면 얼마나 놀랍겠는가? 선배 중에 일본어를 현지인 수준으로 구사하는 분이 있다. 그분이 일본인들 사이에서 유명하게 된 것은 그의 유창한 일본어 실력뿐만 아니라, 일본인도 잘 모르는 일본 문화, 역사에 대한 이해도 때문이다. 그는 많은 사람의 호감을 받고, 제2의 인생도 일본에서 시작했다. 그것도 평소 그의 일본 문화에 대한 관심에서 시작되었다.

최근 미국에서는 컴퓨터 코딩 교육 열풍이 불면서 외국어 교육이 홀대를 받고 있다고 한다. 프로그래머에 대한 수요가 늘면서 컴퓨터 전공이 취업에 유리해질 것이라는 예측도 있다. 하지만 이러한 코딩 위주의 수업에 대한 우려의 목소리도 높다.

코딩과 외국어는 완전히 다른 분야다. 코딩은 나만의 컴퓨터 언어로 자신의 세계를 구축하는 것이고 외국어는 낯선 이와 상호 소통을 하는 것이기 때문이다. 외국어를 배운다는 것은 다른 나라의 문화와 역사를 이해하는 것이다. 물론 나도 아이들에게 코딩을 가르치려고 하지만 다른 나라를 이해시키는 것도 필수적이라고 생각한다. 그것은 '남과 내가 다르다는 것을 받아들이고 남을 존중'하는 사고방식을 키워줄 수 있기 때문이다. 그래서 집에는 세계 지도가 펼쳐져 있다. 한비야 작가도 어렸을 때 집에 세계 지도가 있어서 넓은 세상에 대한 관심을 가졌다고 한다.

외국어 공부를 할 때 주의할 점은 그 사람들의 사고방식과 습관을 이해해야 한다는 점이다. 내가 아무리 영어, 중국어, 일본어, 베트남어, 스페인어 등을 구사한다고 해도 그 나라의 컬처에 대한 이해 없이 한국식으로만 생각한다면 어떻게 될까?

아무리 현지 언어를 훌륭하게 하더라도 큰 실수를 할 수밖에 없다. 태국에서는 머리에 신성한 영혼이 깃들어 있다고 믿기 때문에 머리를 만지면 무례하다고 생각한다. 인도에서는 왼손을 부정적으로 생각해서 식사나 악수 시에는 오른손을 이용해야 한다. 중국에서는 시계를 선물해서는 안 되는데, 시계라는 단어가 죽음을 뜻하는 단어와 비슷한 소리가 나기 때문이다. 일본에서는 젓가락으로 반찬을 옮기지 말라고 한다. 화장터에서 뼈를 옮기는 것을 연상시켜 부정적으로 생각한다.

외국어를 공부하는 데 있어서 중요한 것은 그 언어를 잘하고 못하고가 아니고 그 나라의 문화와 관습, 즉 컬처를 이해하는 것이다. 이러한 관심과 이해는 우리가 외국어를 공부하는 중요한 목적이자 즐거움이 된다. 외국어가 다소 서툴더라도 컬처를 이해하는 것이 선행되어야 한다. 그러한·깊은 이해 없이 단순히 기술을 배우는 언어는 껍데기에 불과하다.

6-3

외국어 공부는 점수 따기 위한 목적이 아닌 나의 수단이다

"배우나 생각하지 않으면 공허하고, 생각하나 배우지 않으면 위험하다."

— 공자

세계 4대 성인 중 한 명인 공자의 격언대로 공부를 하는 데 있어서 그 이유를 잘 생각해야 한다. 점수는 중요하다. 예전에는 토익 몇 점, 토플 몇 점이 중요했다. 그것은 회사에 입사할 때나 외국 대학에 입학하기 위해서 필요한 조건이 되기 때문이다.

나도 전에 입사 준비를 위해서 토익 시험을 볼 때 점수가 올라가는 것에 짜릿한 쾌감을 느꼈다. 공부한 만큼 결과가 바로 나왔기 때문이다. 중국어를 공부하거나 일본어를 공부할 때도 마찬가지다. 등급을 따야 더 좋은 기회를 잡을 수 있다. 등급이 일정 수준 있어야 회사 내에서 각종 교육의 대상자가 된다. 등급의 조건이 만족하여야 해외에 나갈 기회도 온다.

이렇게 외국어 점수는 아주 중요하다. 하지만 거기까지가 점수의 역할이다. 결국 그 점수는 좀 더 나은 것을 이루게 해주는 수단일 뿐이다. 예를 들어, 내가 중국어 2급을 취득했다고 해서 정말로 나의 중국어 실력이 2급은 아니다. 운이 좋아서 내가 아는 문제가 많이 나와서 그런 것이다. 따라서 점수에 취해 있지 말고 어학을 꾸준히 공부해야 한다. 외국어 점수를 취득하는 것은 공부의 목적이 아니라 외국어 공부를 위한 수단이다.

"교육이 신사를 만들기 시작하고, 대화는 신사를 완성시킨다."라고 영국의 종교인이자 역사학자인 토마스 풀러(Thomas Fuller)는 이와 같이 말했다. 외국어는 사람과 사람을 연결해 주는 고리 역할을 하고 대화의 품격을 올려준다.

나는 일본어, 중국어 실력이 많이 떨어지지만 인사와 감사를 표시할 때 그 나라의 언어를 사용한다. 미팅 시에도 가끔 섞어서 말하는데 그러면 상대방의 언어와 문화를 존중한다는 이미지를 보여줄 수 있다. 또한 사석에서 그들만의 언어를 사용하면, 분위기를 화기애애하게 만들 수 있고, 실수하더라도 너그럽게 용서받을 수 있다.

언어는 우리의 뜻을 전달하고 상대방의 뜻을 이해하는 중요한 수단이다. 조선 시대에는 잡과에서 통역관을 양성했고, 이곳에서는 한학(중국어), 몽학(몽고어), 여진학(청학), 왜학(일본학)을 가르쳤다고 한다. 외국어는 하나의 전문적인 기술이고 수단이었다.

IR팀에 있을 때는 실적 발표나 큰 이벤트가 있을 때 전문 통역사를 고용했다. 아무래도 참석자들의 이해를 돕기 위해서는 전문적인 기술이 필요하기 때문이다. 우리는 외국 업체와 사업 기회가 많기 때문에 종종 영어로 커뮤니케이션을 한다. 이때 비즈니스 영어의 핵심을 이해해야 하고 오해의 소지가 있는 표현은 사용하면 안 된다. 특히 이메일을 작성할 때 그렇다.

유엔 사무총장을 역임했던 반기문 전 총장의 연설을 들어본 사람이라면 그가 수려한 영어 표현을 구사하지만 발음에 대해서 적잖이 실망했을 것이다. 하지만 언어의 기능을 생각해 보면 그것은 문제가 안 된다. 현지인처럼 유창하게 언어를 구사하는 것이 전부는 아니다. 물론 이왕이면 현지인 수준처럼 발음이 좋다면 더 이상 바랄 것이 없겠지만 외국 생활을 오래 하지 않았다면 현실상 쉽지 않다. 만약 어학실력으로 유엔 사무총장을 앉혔다면 어학을 전공한 사람들이 모두 그 자리에 가야 한다. 하지만 반기문 전 사무총장은 자신의 의사를 명확하게 전달했기 때문에 언어의 목적에 충실했다.

이러한 언어의 역할을 통해서 우리나라의 소설이 세계로 널리 알려지게 되었다. 소설《채식주의자》가 맨 부커 인터내셔널상을 수상한 것은 한강 작가의 뛰어난 능력도 있었지만 동시에 번역가 데보라 스미스(Deborah Smith)의 역할도 컸다고 한다. 〈뉴욕 타임스〉에서는 "번역된 작품임에도 불구하고 그녀의 소설은 매우 선명해 마치 한 편의 그림을 보는 것 같았다. 혼란스러운 주제를 유려한 문체로 풀어갔다."라고 했고, 보이드 턴킨 맨 부커상 인터내셔널 심사위원장은 시상식에서 "그녀의 완벽한 번역은 매 순간 아름다움과 공포가 기묘하게 뒤섞인 작품과 잘 어울린다. 놀라운 번역으로 이 기묘하고 빛나는 작품이 영어로 제 목소리를 완벽하게 찾았다."라고 말했다.

데보라 스미스는 케임브리지 대학 영문학을 전공하던 2010년에 한국문학 전문 번역가가 없다는 사실을 접하고 한국어 공부를 시작했고, 지금은 아시아, 아프리카 문학 전문 번역 출판사 '틸티드 악시스'를 이끌고 있다. 그녀는 외국어 공부를 통해서 서방에는 잘 알려지지 않은 문학 작품을 소개하는 중요한 역할을 한다.

외국어 번역은 우리에게 전 세계 다양한 문학, 영화, 드라마 등을 접하게 만든다. 만약 이러한 외국어에 대한 공부가 없었다면 우리는 다른 나라의 작품들을 이해할 수 있었겠는가? 미국 드라마나 내가 요새 즐겨 시청하는 중국 드라마를 즐길 수 없었을 것이다. 그러면 우리의 삶의 스코프가 훨씬 좁아졌을 것이라고 생각한다.

또한 외국어를 공부하면 값진 표현들을 많이 알게 된다. 'La vie est belle(라비에벨)'은 프랑스어로 '인생은 아름다워'라는 뜻이고, 'Viva La Vida(비바 라 비다)'는 스페인어로 '인생만세'로 인생이 값지다는 것을 가르쳐준다. 한국어로 된 좋은 격언도 많지만 외국어로 된 명언도 외워두면 나중에 외국인 친구나 고객들과 있을 때 잘 활용할 수 있다.

외국어를 공부하면 많은 친구를 사귈 수 있다. 나도 미국 루이지애나에 어학연수를 다녀오면서 미국, 중국, 일본, 아르헨티나, 브라질 친구들을 만나게 되었고, 인간관계의 범위를 훨씬 더 넓게 확산할 수 있었다. 지금도 연락을 계속하는 친구들도 있고, 그 나라를 방문할 때 만나서 즐겁게 환담을 나누기도 한다. 영어뿐만 아니라 이왕이면 현지어를 알면 더 유용한 점도 있다.

전에 오사카의 일본인 친구 집에서 하루를 묵었는데, 내가 일본어를 어느 정도 구사해서 가족들과 대화를 나눌 수 있어 더욱 좋았다. 하다못해 음식을 먹고 나서 'delicious'보다는 '혼또우니 오이시이데쓰(아주 맛있습니다)'라고 얘기하는 것이 더 예의에 맞다.

외국어를 할 줄 알면 얻을 수 혜택은 훨씬 많다. 외국어는 사람과 사람, 사람과 문화를 연결해 주는 가교 역할을 한다. 물론 점수를 통해서 나의 실력을 측정하는 것도 중요하지만 그것은 하나의 수단일 뿐이다. 그 점을 절대 잊어서는 안 된다. 외국어 공부는 '목적'이 아닌 '수단'이다.

6-4

구글 번역기로는 따라올 수 없는 나만의 스페셜 언어

"헬로?"

"니하오!"

"곤니치와!"

"안녕하세요?"

이제는 굳이 공부를 안 해도 구글 번역기나 스마트폰에 내장된 번역기로 간단한 의사소통을 할 수 있다. 아버지도 혼자서 남미를 3주간 여행하셨는데 구글 번역기로 웬만한 의사소통을 할 수 있어서 큰 불편은 없었다고 하셨다. 심지어 최신 스마트폰 중에는 외국어 메뉴판을 찍어도 한국어로 해석해 준다고 한다. 점점 더 외국어를 배울 필요 없다는 얘기도 있다.

앞으로 AI(Artificial Intelligence, 인공지능)가 더 발달한다면 번역 기능은 더욱 좋아질 것이다. 이미 단순한 단어가 아닌 문장으로 언어를 이해하고 번역해 준다고 한다. 나도 외국어 공부를 할 때 가끔 번역기를 사용하는데, 생각보다 번역 수준이 좋아 놀랄 때도 있다.

기계 번역의 발달로 10년 안에 언어장벽이 사라질 것이라고 말한 사람도 있다. 물론 번역기의 발달로 불편한 점이 많이 사라지고 언어의 장벽은 낮아지겠지만 거기에는 한계가 있다고 생각한다. 번역기로 번역된 외국어에는 언어의 '질'이 없다. 그냥 그대로 뜻에 맞게 번역을 한다.

예를 들어, 중국인 친구가 힘들어할 때 '찌아요우(힘내)'라고 무미건조하게 번역기로 얘기하는 기계어와 '찌아요우!'라고 감정을 담아서 얘기하는 문장의 '질'은 아주 다르다.

번역기는 실용적인 목적을 위해서 사용할 수 있지만 사람과 사람의 관계를 맺어주기 위한 '감정'을 살리는 데는 한계가 있다. 시나 노래의 가사와 같은 느낌도 전달하는 데 한계가 있다. 물론 번역된 가사를 통해서 의미가 전달되겠지만, 노래는 그 나라의 언어로 불러야 제대로 된 느낌이 난다.

미국의 음유시인이자 가수인 밥 딜런(Bob Dylan)이 노벨문학상을 수상한 이유도 그가 쓴 가사가 많은 이들에게 공감을 불러일으키고 감동을 주었기 때문이다. 물론 앞으로 번역 기능이 더 좋아지면서 이러한 언어의 '질'도 조금씩 나아지겠지만 '인간의 언어'와 차이를 완전히 메우기 힘들 것으로 보인다.

번역기를 통해서 얘기하면 상대방의 기분을 정확히 느낄 수 없다.

특히 언어에는 뉘앙스가 중요하다. 뉘앙스는 국어사전에서 '음색, 명도, 채도, 색상, 어감 따위의 미묘한 차이. 또는 그런 차이에서 오는 느낌이나 인상'이라고 한다. 우리가 이메일을 보낼 때도 조심해야 하는 이유는 상대방이 행간의 의미를 잘 못 받아들여서 오해할 수 있기 때문이다. 그래서 느낌표, 물음표 사용도 조심해야 한다.

따라서 중요한 얘기는 직접 만나서 하는 것이 낫다. 심지어 전화도 오해를 불러일으킬 수 있기 때문에 상대방과 직접 대면(Face to Face) 미팅이 나을 수 있다. 그래서 우리는 중요한 결정을 할 때 아무리 바빠도 직접 만나서 얘기한다. 대화라는 것을 통해서 상호 교감을 한다.

《언어의 온도》라는 책에서도 저자는 결국 "말과 글에는 나름의 따뜻함과 차가움이 있다."라고 말한다. 언어에는 '깊이'와 '온도'가 있다. 이 책에서 말한 것처럼 '넌 얼굴도 예뻐'라고 하려다 실수로 '넌 얼굴만 예뻐'라고 말하는 순간 서로 얼굴을 붉히는 것이다.

번역기과 번역기로는 대화를 통해서 교감을 느낄 수 없다. 물론 상대방의 표정이나 몸짓을 보면서 어느 정도 감을 잡을 수 있지만 완벽하지는 않다. 수많은 정상이 전화 통화를 해도 되는데 굳이 그 멀리까지 비행기를 타고 날아와서 미팅을 하는 것은 다 이유가 있다. 직접 그 사람의 얘기를 듣고 대화의 뉘앙스를 느끼고, 어떤 사람인지도 느껴보기 위함이다. 비록 통역관을 통해 대화해야 하지만 그 언어를 직접 듣는 것과 아닌 것은 차이가 있다. 또한 통역관들은 옆에서 통역하면서 단순한 의미 전달보다는 그 이면의 핵심을 전달하려고 노력한다.

영화 〈너의 췌장을 먹고 싶어〉가 개봉되었을 때 많은 인기를 끌었다. 처음 이 영화 제목을 접한 사람들은 공포 영화가 아니냐고 생각하지만 그것은 언어의 '질'과 '뉘앙스'를 생각하지 않았기 때문이다. 이 영화에서 시한부의 여고생이 나중에 죽더라도 '너의 일부분이 되고 싶어'라는 말을 빗대어서 얘기한 것이 영화의 제목이다. 따라서 사랑하는 사람이 이런 식으로 얘기한다는 것은 그만큼 나를 아주 많이 사랑하고 고마운 일이다. 그런데 만약 이 일본 여고생이 한국 남성에게 '너의 췌장을 먹고 싶어'라고 귀엽게 웃으면서 얘기하는데 그것을 그대로 번역기가 해석한다면 그 남성은 줄행랑을 치거나 분명히 미친 사람이라고 생각할 것이다.

또한 모든 언어에는 자신만의 말투가 있다. 끝을 내린다거나 올리거나, 내가 자주 쓰는 표현도 있다. 그것이 영어에서 '유 노우. You know.', '음. Uhm.' 등 다양한 표현 방식이 있다. '~해야 한다'라고 할 때 'have to' 또는 'should'를 사용할 수 있고, 평소에 완곡한 표현인 'could'를 즐겨 사용할 수도 있다. 이러한 나만의 표현이 결국 자신의 정체성을 얘기한다. 즉, 나만의 스페셜 언어가 있다. 그것을 번역기가 표현하기는 힘든 것이다.

나이가 들수록 '언격'이라는 것이 있다. 나의 언어를 통해서 품격을 보여준다. 나만의 세련된 표현이나 남을 배려하고 존중하는 언어 등이 모두 언격이다. 특히 한국어나 일본어 같은 경우는 존대어가 아주 발달되어 있고, 상대방에 대한 말의 예절을 중요시하기 때문에 이러한 미묘한 차이를 다 번역하기란 쉽지 않다.

마지막으로 친구를 사귀려면 우리는 많이 얘기해야 한다. 20세기 영국의 작가이자 문학비평가인 레베카 웨스트(Rebecca West)는 "사람이 친구를 사귀는 데는 분명한 과정이 하나 있는데, 매번 몇 시간에 걸쳐 이야기를 하고 이야기를 들어주는 것이다."라고 했다. 친구를 사귀려면 나만의 목소리와 진심 어린 눈빛을 보내야 한다.

번역기를 이용하다 보면 외국인 친구를 사귀는 것이 아무래도 불편하다. 한계가 있기 때문이다. 하다못해 술 한잔하면서 인생 얘기를 하고 싶어도 번역기가 이러한 분위기를 깬다. 번역기를 통하면 내 목소리와 나의 뜻이 온전히 전해지지 않는다.

우리는 자신만의 스페셜한 언어를 공부해야 한다. 그것은 단지 실용적인 목적이 아니다. 언어에는 그만의 '질'과 '뉘앙스'가 있고, 나만의 표현, 언격이 있어서 나의 정체성을 대변해 준다. 이러한 언어를 통해서 상대방과 진정한 교감을 할 수 있다. 설사 그 표현이 세련되지 않다고 하더라도 나의 진심이 상대방에게 전달된다. 나만의 외국어는 '나'를 대변한다.

6-5

멀티 외국어 공부를 위한 비법

"직장인 A 씨는 일본어 학습지를 푸는 일로 하루 일을 마무리한다. 야근을 하고 지친 몸으로 퇴근해도, 술을 마시고 12시가 넘어 집에 들어와도 반드시 학습지 10여 장을 풀며 그날 진도를 마친 뒤에야 잠자리에 든다. (중략) 과거와 달리 이들의 공부는 외국 드라마 자막 없이 보기, 해외 연예인 '덕질'하기, 외국 여행에서의 간단한 회화 등 개인적 만족과 취향의 실현에 목적을 둔 경우가 많다."

— 〈경향비즈〉, 2017. 2. 24, 김형규 기자

최근에는 외국어 공부를 하는 목적이 점수나 스펙 쌓기가 아닌 자아실현이나 취미인 경우가 늘어나고 있다. 인터넷 포털사이트에 개설된 희랍어와 라틴어를 공부하는 카페인 '바벨의 도서관' 회원수는 3만 3천 명이 넘는다. 타이어를 배우는 카페, 라틴어 수업에도 학생들이 몰린다고 한다.

예전에는 취직이나 유학, 승진 등 실용적인 목적을 위해서 외국어를 공부했다면 이제는 진정한 자기계발과 스트레스 해소를 위해서 다양한 언어를 공부한다. 나의 경우도 '곤니치와(안녕하세요)', '오이시이데쓰(맛있습니다)' 등 일본어로 말하면 업무에 대한 스트레스를 나도 모르게 잊게 된다. 이렇게 즐거운 마음으로 공부를 하다 보니 어느새 나의 외국어 실력은 점차 늘게 되고 점점 더 많은 외국어를 공부하게 되었다.

물론 쉽지는 않다. 직장인들은 평소 업무로 바쁘고 곧잘 지치기 때문에 시간이 나면 그냥 쉬고 싶다. 외국어 공부는 또 하나의 스트레스이다. 학창 시절뿐만 아니라 회사에서도 외국어 공부를 하면서 점수를 올리기 위해서 많은 스트레스를 받았을 것이다. 하지만 멀티 외국어를 배우면 많은 장점이 있다.

그렇다면 왜 멀티 외국어를 배워야 하는가? 앞서 언급한 바와 같이 외국어를 배우는 목적은 사람과 사람, 사람과 문화를 연결하고, 또 다른 나를 발견하기 위함이다. 이를 통해서 나의 품격도 올릴 수 있다. 또한 언어를 여러 개 구사할수록 세상은 다르게 보인다. 즉, 세상에 대한 시야가 더 넓어진다.

그렇다면 어떻게 다중 언어를 구사할 수 있을까? 비결은 간단하다. 바로 언어에 대한 호기심, 꾸준함, 뻔뻔함이다. 이 3요소가 결합하면 '다중 인격자'가 아니라 '다중 언어 구사자'가 될 수 있다.

나는 영어는 1급, 일본어는 3급, 중국어는 2급 회화자격을 취득했다. 영어회화 1급은 30세 이후에 취득했고, 일본어, 중국어는 40세 이후였다. 영어는 미국에서 어학연수 1년 경험이 있었다고 해도 일본은 한 달 체류가 전부였고, 중국은 출장으로 몇 번 가보았을 뿐이다. 부모님을 따라서 외국에 거주한 적도 경험도 없어, 어학연수를 제외하고는 국내파라고 할 수 있다. 하지만 여러 가지 외국어를 계속 공부할 수 있게 된 원인은 무엇일까?

첫째, 외국어를 계속 배우게 만드는 원동력은 '호기심'이다. 나는 외국인 친구들과 대화를 나누는 것을 즐긴다. 그들의 사고방식과 생각을 배울 수 있기 때문이다. 보통 술을 마실 때 외국어 실력이 늘어난다고 한다. 외국인 친구들과 술을 마시면서 '취중진담'을 많이 하고 그들의 관심과 고민을 들어주면서 언어 실력도 향상시킬 수 있었다. 학창 시절에는 재즈에 관심이 많았고, 재즈의 본 고장인 뉴올리언스가 어떤 곳인지 궁금했다. 꿈에만 그리던 뉴올리언스에서 재즈 음악을 들으면서 이곳의 문화를 배웠다.

이러한 문화에 대한 관심이 영어 공부를 더 즐겁게 만들었다. 그리고 다양한 나라의 사람들을 만나면서 그 나라의 언어를 체험하고 스페인어, 포르투갈어, 중국어, 일본어 등 외국어에 관심을 갖게 되었다. 또한 학창 시절부터 일본 문화에 관심이 있어서, 회사에서 일본어 과정을 꾸준히 들었고, 마침내 40대 초반에 일본어 회화 3급을 취득했다. 무엇보다 일본 문화 및 역사에 대한 관심이 있어서 그 끈을 유지했기 때문이다. 내가 일본어 공부를 할 때도 주변에서는 대세는 중국이라고 해서 실용적이고 도움이 되는 중국어 공부를 종용했지만 꿋꿋이 일본어 공부를 했다. 내가 즐기는 언어를 공부하고 싶었기 때문이다.

둘째, 외국어를 배우는 데 있어서 또 다른 중요한 점은 지속성과 언어에 대한 끊임없는 노출이다. 사실상 영어를 본격적으로 배운 곳은 회사에서다. IR팀으로 전환배치를 가면서 영어를 쓰는 것이 거의 생활화되었다. 수없이 해외에서 걸려오는 투자자 전화, 1년에 10회 넘는 출장으로 영어를 쓸 수밖에 없는 환경에 노출되었다. 이렇게 지속해서 영어를 사용하다 보니 실력이 늘 수 있었다.

40세 중반에는 3년간 공부해서 운 좋게도 중국어 회화 2급을 취득했다. 물론 3년간 회사 내 어학 과정을 주중, 주말반 가리지 않고 들었고, 시험은 30차례(응시료만 100만 원이 넘었다) 치렀다. 처음엔 무급이었다가 4급, 3급, 마침내 2급을 취득했다.

비결은 문제를 분석해서 나만의 답안을 정리한 것도 있지만 3년간 포기하지 않고 반복한 지속성에 있다고 볼 수 있다. 메이저리그 다승 투수인 박찬호 선수도 "모든 일 중에서 가장 어려운 것은 꾸준히 해내는 것이다."라고 했다. 그만큼 꾸준함은 쉽지 않다.

시간이 없으면 스마트폰에 이어폰을 끼고 단어를 계속 듣거나 영화나 드라마를 감상하는 것도 방법이다. 보통 출·퇴근 시간에 많은 직장인이 인터넷 검색을 하거나 잠을 청하지만 잠을 잘 때도 외국어 회화, 단어를 틀어놓으면 무의식적으로 언어를 학습하게 된다. 즉, 나는 잠을 자고 있지만 나의 뇌는 외국어를 반복적으로 듣는 것이다.

또한 요새는 다양한 앱이 발달해서 외국인 친구들과 언제든지 커뮤니케이션을 할 수 있다. 멀티 외국어 구사를 위해서는 이렇게 자신을 그 언어에 지속 노출시켜야 한다. 외국어는 '영어'가 당연히 기본(Backbone)이 되어야 하겠지만, 다른 제2외국어는 편안한 마음으로 배우면 어떨까 싶다.

마지막으로 중요한 것은 '뻔뻔함'이다. 오늘 한 개의 문장을 배웠다면 입에 붙을 때까지 계속 사용해야 한다. 나는 요새도 누군가를 오랜만에 만나면 "하오찌여우 부지앤.", "히사시 부리 데쓰."(오랜만입니다)라고 하고, 퇴근할 때는 "씬 쿨러.", "오츠카레 사마 데시따."(수고했습니다) 등 중국어, 일본어를 섞어 쓴다. 나는 이렇게 외국어를 '뻔뻔하게' 사용한다. 그래서 잊지 않고 계속 기억할 수 있는 것이다.

따라서 외국어 공부를 위한 세 가지 요소를 기억하자. 호기심, 꾸준함, 뻔뻔함. 그러면 어느 새 구사할 수 있는 외국어가 2개, 3개로 점차 늘어날 것이다. 그러면서 나를 남들과 다른 'Special'한 존재로 만들자.

6-6

평생 공부할 수 있는 외국어의 매력

고대 그리스 3대 비극 작가 중 한 명인 에우리피데스(Euripides)는 "젊었을 때 배움을 게을리한 사람은 과거를 상실하며 미래도 없다."라고 말했다. 그래서 우리는 어릴 적부터 열심히 공부한다. 아니 너무 열심히 공부해서 나이가 들면 공부를 안 한다. 하지만 공부는 평생 해야 하고, 평생 공부하기에 좋은 것이 바로 '외국어'다.

우리나라에서는 매우 이른 나이에 외국어 공부를 시작한다. 외국어를 빨리 배워야 한다는 강박증이 있어서 심지어 국어보다 영어를 먼저 가르치는 부모들도 있다. 이제는 유치원 때부터 영어공부를 하고 심지어는 중국어도 같이 가르치는 유치원도 있다.

요새는 주변 엄마들이 아이들에게 곧잘 영어로 얘기는 하는 것을 본다. 아이들은 너무나 자연스럽게 영어로 대답하고, 발음도 놀라울 정도로 좋다. 특히 한국인의 고질병인 "R(알)" 발음이 그야말로 원어민 같다. 우리 아이들도 영어를 공부하고 있다. 아내한테 영어 공부는 나한테 맡겨 두라고 큰소리를 쳤지만 사실 그동안 계속 딴전을 피웠다. 그런데 아이들이 2년 정도 영어를 공부하고 나서, 내가 시험 삼아 영어로 얘기했는데 아이들이 뜻을 알아채고 답을 하였다. 그야말로 '놀랠 놀'자다. 예전이라면 상상도 못 할 일이다. 하지만 과연 요새 아이들은 외국어를 배우는 것이 재미있을까? 나중에 대학을 가거나 취직해도 계속 공부하고 싶을까?

예전에 한 노 교수님의 강연을 들은 적이 있다. 그분은 일본 문학을 전공한 저명한 분이셨다. 지금도 기억에 남는 것은 그 교수님이 새로운 어학 공부를 너무 좋아해서 스페인어 공부를 막 시작하였다고 한다. 그리고 곧 시험이 있어서 준비를 해야 한다고 웃으면서 말씀하셨다. 이미 백발이 성성하신 분이 그렇게 천진난만한 표정으로 새로운 언어를 공부하는 게 즐겁다고 말씀하시는 것을 보고 진한 감동을 받았다. 나도 저분처럼 늙고 싶다는 생각이 들었다.

평생 공부하는 외국어의 장점은 많다. 먼저 사람과 사람, 사람과 문화와의 소통을 가능하게 해 준다. 즉, 삶의 스코프가 넓어지는 것이다. 요새는 SNS로도 전 세계의 친구들과 소통할 수도 있으니, 얼마나 즐거운 일인가? 내가 이집트의 한 도시에서 공부하는 학생과 한국 문화에 대해서 영어로 얘기하고, 그 나라의 문화와 풍습을 얘기한다는 것이 신기하지 않은가? 즉, 나의 스코프를 확대하고 방 안에서 세상을 더 크게 바라보게 해 준다.

둘째, 언제, 어디서나 누구든 공부할 수 있다. 책 한 권이나 CD, 음원만 있으면 된다. 굳이 학원에 가지 않아도 집에서 온라인으로 혼자 공부할 수 있다. 그래서 시간이 남을 때 할 수 있는 가장 유용한 공부인 것이다.

셋째, 외국어는 우리에게 즐거움을 준다. 외국어를 즐겁게 공부하기 위해서는 더 이상 죽은 외국어를 공부하지 말고 살아 있는 외국어를 공부해야 한다. 살아 있는 외국어는 내가 배운 것을 바로 실생활에 활용하는 것을 말한다. '귀엽다'가 영어로 'Cute'라면 일본어로는 '카와이', 중국어로는 '크아이'다. 주변에 친구들이나 자녀들에게 사용해서 내 것으로 만드는 것이 어떨까? 처음에는 이상하게 쳐다보겠지만 이 또한 언어를 배우는 즐거움이 아닌가?

넷째, 외국어를 공부하면 여행지에 갔을 때뿐만 아니라 비즈니스를 할 때도 당연히 도움이 된다. 특히 여행지에 갔을 때 번역기를 사용할 수도 있지만 현지 언어와 영어를 섞어 쓰면 커뮤니케이션이 좀 더 수월하다. 최소한 건물, 가게 이름이나 간판을 읽을 수 있어도 시간을 훨씬 절약할 수 있다.

마지막으로, 이러한 실용적인 목적 외에도 외국어 공부는 두뇌 건강에 도움을 준다. 즉, 많은 연구 결과에 의하면 외국어 공부는 대뇌피질의 성장을 촉진시키고, 치매 예방에도 도움을 준다고 한다. 외국어가 두뇌 활동에 미치는 긍정적인 영향은 이미 많은 연구를 통해서 다음과 같이 입증되었다.

"일반적으로 외국어를 배워 원어민만큼 유창하게 구사할 수 있는 적령기는 10대로 보고 있지만 학습 적령기가 지난 20, 30대나 그 이후에도 꾸준히 외국어를 공부하는 것이 두뇌 노화를 막고 기억력을 높이는 데 도움이 된다는 연구 결과가 나왔다. (중략) 연구진은 모르는 외국어가 들릴 경우 사람은 대뇌피질에서 익숙한 음성이나 단어를 찾게 되는데, 그 과정을 통해 체계적으로 기억하는 방법을 습득할 뿐만 아니라 뇌를 건강하게 유지할 수 있게 한다고 설명했다."

— *〈서울신문〉, 2016. 9. 4, 유용하 기자*

아무래도 새로운 단어를 외우거나 사용하다 보면 기억력이 좋아질 수밖에 없다. 만약 나이가 들어서도 집에서 TV만 보고 산다면 당연히 뇌세포는 빨리 죽고 치매가 올 확률이 높아질 것이다. 하지만 외국어를 공부하고 그것을 사용하면서 상호 교감을 하고 즐거움도 느끼며 치매도 예방할 수 있다.

나는 어학을 전공하지 않았고, 번역사나 통역사가 아니다. 공대 출신이고 마케팅에서 근무하고 있다. 하지만 언어에 대한 관심은 유별나다. 집에 어학 공부 관련 책이 빼곡히 자리 잡고 있다. 이렇게 책에 둘러싸여 있다 보면 어학을 공부하고 싶은 마음이 들 수밖에 없다. 미국의 사회 개혁가인 헨리 워 비처(Henry Ward Beecher)도 "어떤 분야에서든 유능해지고 성공하기 위해선 세 가지가 필요하다. 타고난 천성과 공부 그리고 부단한 노력이 그것이다."라고 말했다. 따라서 멈추지 말고 노력해서 어학 공부를 해야 한다. 그리고 그 노력은 평생에 걸쳐서 할 수 있다.

우리에게 남은 인생은 길다. 여생을 어떻게 보낼지는 온전히 자신의 선택이다. 나는 외국어 공부를 즐기고 사랑하기 때문에 평생을 외국어를 공부하면서 보내고 싶다. 40대까지는 일본어, 중국어의 수준을 더 높이 올려놓고, 50대가 되면 스페인어, 베트남어를 공부할 계획이다. 60대가 되면 러시아어, 프랑스어, 독일어를 공부하고 싶다.

나에게 있어서 새로운 언어를 배운다는 것은 새로운 문화, 역사, 사람들을 배운다는 것이고 '가슴 떨리는 설렘'을 준다. 두뇌 건강에도 도움이 되니 그야말로 일석이조의 역할을 한다. 나중에 70세가 되어서 유창하게 다양한 외국어를 구사한다면 이 또한 멋진 '공부의 품격'일 것이다.

나만의 생각과 함께
6장 되짚어보기

6-1 〈외국어를 '왜' 배우는가에 따라 언어의 품격이 달라진다〉

외국어는 나의 호기심을 충족시키고
또 다른 나를 발견하게 해 준다.

6-2 〈컬처를 이해하지 않는 외국어 공부는 껍데기일 뿐이다〉

진정한 외국어 공부는
그 나라의 컬처에 대한 이해에서 출발한다.

6-3 〈외국어 공부는 점수 따기 위한 목적이 아닌 나의 수단이다〉

외국어는 사람과 사람, 사람과 문화를 연결시켜주고
나의 품격을 올려주는 수단이다.

6-4 〈구글 번역기로는 따라올 수 없는 나만의 스페셜 언어〉

외국어 공부는 나만의 스페셜한 정체성을 만들어준다.

6-5 〈멀티 외국어 공부를 위한 비법〉

호기심, 꾸준함, 뻔뻔함을 통해서 멀티 외국어를 배우자.

6-6 〈평생 공부할 수 있는 외국어의 매력〉

평생 즐겁게 외국어를 공부하면서 공부의 품격을 갖춘다.

7장

세상의 모든 것이 공부다

7-1

사소한 공부는 절대 사소하지 않다

"안 돼! 안 돼! 그러면. 안 돼! 안 돼! 그러면.
낼모레면 시험기간이야 그러면 안 돼(안 돼~)!
선생님의 화난 얼굴이 무섭지도 않니.
네 눈앞에 노트가 있잖니 열심히 공부하세."

1983년 가수 윤시내의 〈공부합시다〉는 그야말로 건전 가요이다. 한눈팔지 말고 공부하라는 내용인데 많은 부모님의 환영을 받았고 학생들에게는 금지 가요였다. 이 가사 내용은 시험이 있고 선생님이 무서우니 공부를 해야 한다는 얘기다. 즐거운 공부가 아니고 괴로운 공부이다.

하지만 지금까지 이 책에서 얘기한 공부는 이런 공부가 아니다. 인간관계, 돈과 시간, 몸과 마음, 외국어 공부, 취미 공부 등 살면서 꼭 필요한 즐거운 자기계발 공부이다.

알베르트 아인슈타인은 공부와 연구의 목적이 자연의 신비를 이해하고자 하는 갈구와 그 일이 주는 즐거움이어야 한다고 말했다. 그는 연구하면서 집중력을 발휘하게 된 가장 큰 동기는 '즐거움'이라고 한다. 그의 아들이 11세일 때 다음과 같이 편지를 보냈다.

"네가 요즘 피아노 치는 즐거움을 느끼고 있다니 정말 기쁘구나. 내 생각으로는 네 나이 때는 학교 공부보다 피아노 치기나 목공을 즐기는 것이 더 좋은 거 같다. 그리고 부디 피아노를 칠 때는 너를 즐겁게 하는 곡들을 연주하기를 바란다. 비록 그 곡이 선생이 지정한 곡이 아닐지라도 말이다."

아인슈타인 본인도 바이올린 연주를 즐겼는데 연구를 하다가 쉬고 싶을 때 바이올린을 연주하고 연구에 대한 영감을 얻었다고 한다.

아인슈타인처럼 요새는 자신의 일을 즐길 뿐만 아니라 다양한 공부를 하면서 성공한 사람들을 보통 'T자형 인재'라고 한다. 대표적으로 전기 자동차 테슬라와 Space X의 창업자인 앨런 머스크가 있다. 그는 책을 통해서 인공지능, 물리학, 공학 등 다양한 분야를 공부했고, 이를 자신의 꿈을 이루는 데 활용하고 있다. 그래서 전기자동차, 우주선, 하이퍼 루프(고속 열차) 등의 아이디어가 계속 나오고 있다.

과거에는 레오나르도 다빈치(Leonardo da Vinci)가 있다. 그는 15세기 르네상스 시대의 천재적 미술가, 과학자, 기술자, 철학가였다. 〈모나리자〉, 〈최후의 만찬〉과 같은 걸작을 그렸을 뿐만 아니라 비행기를 설계하고, 기마상을 만들고, 인간의 해부도도 그렸다.

펜실베이니아 대학의 스콧 베리 코프먼(Scott Barry Kaufman) 교수는 〈사이언티픽 아메리칸〉 잡지에서 다양한 장르의 융복합에 대해서 다음과 같이 설명했다.

"위대한 오페라 곡들 중에는 서로 다른 장르를 혼합한 작품이 많았다. 작곡가들은 다양한 장르의 음악을 다루면서 한 장르에만 고착화되는 것을 피할 수 있었다."

베토벤, 모차르트 등이 성공한 작곡가가 될 수 있었던 것은 다양한 분야에 대한 공부와 관심 때문이었다.

따라서 공부는 다양하고 즐겁게 해야 한다. 내가 즐기면서 하는 사소한 공부들이 모이면 나중에 큰 의미를 이룬다. 그 공부들이 잘 조화를 이룬다면 다양한 분야에 있어서 전문가가 될 수 있다.

하지만 보통 공부라고 하면 아주 거창하게 생각한다. 전공 공부, 어학 공부, 자격증 공부 등 지겨운 자기'괴'발 공부라고 생각한다. 나도 입사하고 나서 내 전공서적을 모두 버렸다. 더 이상 지겨운 공부는 안 해도 된다고 생각했다. 그런데 공부란 것이 대단한 것은 아니다. 그냥 내가 좋아하는 공부를 하면 된다.

그렇다면 도대체 어떤 사소한 공부를 하면 좋을까?

인간관계 공부를 통해서 처세술을 배운다든지, 돈과 시간을 잘 관리해서 재테크를 한다든지, 몸과 마음을 단련하는 공부도 있다. 실용적인 외국어 공부나 다른 취미의 공부도 있다.

나는 음악을 계속 공부하면서 공연을 준비하고, 작곡도 꾸준히 하고 있다. 골프를 배우면서 안 쓰던 근육을 쓸 수 있고, 옆에서 구경만 하던 골프 연습장에도 직접 가서 볼을 쳐볼 수 있다. 볼을 쳤을 때 볼이 멀리 날아갔을 때의 쾌감은 이루 말할 수 없다. 마치 숨겨졌던 도파민이 간헐천처럼 분출한 것과 같다.

글쓰기도 새로운 공부이다. 이전에 나만 읽던 일기가 아니고, 이제는 남들에게 들려주는 글이다. 《작가의 문장수업》의 작가 고가 후미타케 작가는 다음과 같이 글쓰기의 중요성을 강조하였다. "좋은 문장이란 '독자의 마음을 움직이고, 그 행동까지도 움직이게 하는 문장'을 말한다."

이렇게 글쓰기뿐만 아니라 강연, 음악 등을 통해서 누군가의 인생에 영향과 변화를 줄 수 있다면 이보다 보람 있는 공부가 어디 있겠는가?

이제는 한 분야에서만 전문가가 되는 시대는 지났다. 하버드 대학의 버크민스터 풀러(Burkminster Fuller) 교수는 전문성의 위험을 다음과 같이 경고했다. "우리는 전문성이 논리적이고, 자연스럽고, 가치 있다고 생각하는 시대를 살고 있다. 그러면서 인류는 포괄적 이해 능력을 빼앗겼다." 이는 고도로 전문화된 사회에서 우리가 더 넓게 세상을 보는 능력이 사라진다는 의미다. 한마디로 영화 〈모던 타임즈〉의 찰리 채플린(Charlie Chaplin)처럼 기계의 부속품이 되는 것이다.

사소한 공부를 통해서 새로운 친구를 사귈 수도 있고, 나의 재능을 지역사회에 기브(Give)할 수도 있다. 내가 배운 공부를 업무와 연결하면서 지금 직장을 평생직장으로도 만들 수 있다. 거창하지는 않아도 되니 작고 사소한 공부부터 시작하자. 예를 들어, 요새 유행인 1인 기업가가 되는 법을 공부해 보자. 그러기 위해서는 책이나 블로그 등을 통해서 나만의 지식과 경험을 콘텐츠로 만들어야 하고, 유튜브, SNS, 팟캐스트 등 다양한 마케팅 툴(Tool)을 배워야 한다. 그러면서 한 분야의 전문가나 메신저가 될 수 있다.

이렇게 사소한 공부들은 인생의 시야를 넓혀주고 삶을 알차고 풍요롭게 만들어준다. 공부를 꾸준히 했을 때 여러분은 다양한 분야의 진정한 전문가가 될 것이다. 사소한 공부는 절대 사소하지 않다.

7-2

한계라고 생각하는 순간, 비로소 진짜 변화가 시작된다

높이뛰기 선수를 꿈꾸던 한 젊은이는 키가 152.4cm를 넘지 못했다. 학교 육상팀에 들어가는 것이 소원이었다. 그 당시 높이뛰기는 모두 옆으로 뛰거나 앞으로 뛰어서 바를 넘었지만 그는 몸을 돌려 등을 아래로 한 채 뛰었다. 즉, 자신만의 배면뛰기 기술을 만들었다.

그의 자세를 보고 처음에는 사람들이 매우 비웃었다. 지역신문들은 "배에서 팔딱거리는 물고기 같다."라고 조롱했다. 하지만 그는 이 기술로 1968년 멕시코시티 올림픽 높이뛰기 금메달리스트가 되었고, 올림픽 신기록인 2.24m를 세웠다. 그는 미국의 전설적인 높이뛰기 선수인 딕 포스버리(Dick Fosbury)이고, 이후 "포스버리 플롭"이라는 기술은 선수들 사이에서 빠르게 받아들여졌다.

만약 딕 포스버리가 자신의 키의 한계를 극복하지 못하고 높이뛰기를 포기했으면 어떻게 됐을까?

어려운 일은 포기하는 경우가 많다. 그것이 정신적·육체적으로 제일 편하기 때문이다. 우리의 뇌는 변화를 싫어하기 때문에 이는 자연스러운 현상이다. 반면 도전을 계속하는 사람이 있는데, 이러한 사람은 나의 몸의 거부를 이겨내고 한계를 넘기 위해서 계속 부딪힌다. 이렇게 한계를 느끼는 순간 우리는 변화하기 시작한다. 미국의 싱어송라이터이자 노벨문학상을 수상한 밥 딜런도 "혁신을 꾀하려면 언제나 끊임없이 밀어붙여야 한다."라고 말했다. 물론 이 한계를 느끼기 전까지 육체적으로 정신적으로 많이 힘들다. 그냥 힘든 것이 아니고 토하고 싶을 정도로 아주 많이 힘들다.

스티브 잡스의 업무 스타일도 토하고 싶은 생각이 들 때까지 완벽을 추구하고 냉정했다. 예전에 친구로부터 들은 실화가 있다. 어느 직원이 엘리베이터에서 그와 마주쳤는데, 무슨 일을 하냐고 질문을 했고, 그가 제대로 대답을 못 했다. 그러자 잡스는 '집에 가라'고 했고, 정말 짐을 쌌다고 한다.

팀 쿡조차도 스티브 잡스와 마주쳤을 때 어떤 얘기를 할지 거울 앞에서 미리 연습했다고 한다. 이렇게 철저하고 냉정한 스티브 잡스지만 그와 일을 하고픈 직원은 많았다. 이유는 그가 그들을 한계에 몰아붙이면서 새로운 변화를 이끌어냈기 때문이다.

그와 애플의 매킨토시 팀, 넥스트, 픽사에서 같이 일했던 앤디 커닝햄(Andy Cunningham)은 한 언론과의 인터뷰에서 다음과 같이 말했다. "스티브 잡스와 함께 일한 5년이라는 시간은 내 생애 가장 경이로운 경험이었다. 나는 매일 놀라움과 분노, 만족감이 뒤섞인 감정을 느꼈다. 내가 생각했던 한계보다 더 먼 곳으로 나를 데려갔다. 세상 무엇과도 바꾸지 않을 경험이다."

자신을 극한으로 끌어다 주는 상사를 만난 경험이 있을 것이다. 사람은 보통 한계에 부딪히면 두 가지 반응을 보인다. 첫 번째는 포기이고 두 번째는 도전이다. 여러분은 어디에 속하는가? 상습적인 포기자인가? 아니면 도전자인가?

나도 회사생활을 하면서 능력의 한계를 느낄 때가 많았다. 그때는 그냥 포기하고 어딘가로 도망가고 싶다고 생각했다. 출근길에 차를 돌려서 경부고속도로를 타고 부산으로 가서 신선한 회에 소주 한 잔을 마시는 상상을 했다. 아니면 퇴근 후 동료와 술을 거하게 마시면서 스트레스를 풀려고 했다. 하지만 다음 날 두통과 설사만 따를 뿐이었다. 별로 해결책이 안 됐다.

그 일은 나에게서 사라지는 것이 아니고 어차피 나를 뒤따라왔다. 결국 수없이 많은 시행착오를 겪으면서 포기하지 않고 맞서는 수밖에 없다고 깨달았다. 도망가려고 해도 도망가는 데는 한계가 있다. 그래서 두려움을 느끼는 나의 뇌에 맞서서 도전하기로 했다.

이제 두려움과 맞서면서 한계에 도전하는 방법을 소개한다.

먼저 앞선 장에서 언급한 바와 같이 '나의 뇌를 속인다'. 즉, 억지로 두려움을 이기는 것이 아니라 나의 뇌를 설득하는 것이다. 만약 어떤 보고서를 1시간 내로 긴급하게 작성하라고 지시가 내려오면 나는 시간과 능력의 한계를 느끼고 처음에 엄두가 안 나겠지만 일단

한 문장만 써보자고 나를 설득한다. 문장이 모여서 문단이 되고, 문단이 모여서 글이 된다. 그렇게 하면 어떻게든 완성하게 된다.

둘째, 정말 한계를 느끼고 더 이상 못하겠다고 생각하면, '포기'한다. 책을 읽거나, 좋은 영화를 감상하거나, 음악을 듣고 푹 쉬어준다. 그냥 정신을 놓아버린다. 놀랍게도 다음 날 아침이 되면 바닥이 난 것처럼 보이던 에너지가 다시 채워졌음을 느낀다. 마치 새롭게 떠오르는 태양과 같다. 그것이 바로 '회복 탄력성'이라고 한다.

셋째, 제일 중요한 것은 두려움을 있는 그대로 두려움으로 받아들여야 한다. 내가 두렵다면 "힘들다.", "걱정된다."라고 말하면 된다. 절대로 나의 체면을 위해서 두려움이 없는 척하면 안 된다. 그렇게 하면 마음의 병이 되는 것이다. 《두려움의 재발견》이라는 책에서 로버트 마우어(Robert Maurer) 작가는 두려움에 대해서 다음과 같이 말했다. "두려움이 없는 것은 용기가 아니다. 두려움이 없는 것은 뇌가 고장 난 것이다." 저자가 말한 바와 같이 두려움은 없애는 것이 아니고 인정하고 받아들이는 것이다.

그래서 나는 어떤 일이 주어지면 최대한 빨리 끝내려는 습관이 있다. 일을 미루면 미룰수록 두려움과 스트레스는 비례해서 늘어나기 때문이다. 어릴 적에는 누구보다 미루기를 좋아하고 방학 숙제를 마지막 날 하면서 후회했다. 하지만 '나의 뇌 속이기', '회복 탄력성', '두려움에 솔직하기'를 깨닫고 나서는 업무 스타일이 많이 바뀌었다.

회사에서 업무를 할 때 수동적인 사람들을 종종 만난다. 보통 첫 번째 반응이 '안 된다'이다. 이미 과거에 안 했던 것이기 때문에 하기 힘들다고 말한다. 물론 논리적으로도 설명이 안 되는 것을 무리하게 진행하는 것은 불합리하고 비효율적이다.

하지만 시도할 만한 것이라면 결과가 실패한다고 해도 적어도 나의 한계를 경험해 보고, '숨겨진 자신'을 발견해 보자. 시도해 보지 않고 포기하는 것은 아깝지 않은가? 오늘 내 일이 한계라고 느껴질 때 변화하기 시작한다. 내일 일은 내일 걱정하자.

"내일은 내일의 해가 뜬다.
After all, tomorrow is another day."

— 〈바람과 함께 사라지다〉, 스칼렛 오하라(Scarlett O'Hara)

7-3

오늘은 1년 전 나의 장대한 계획대로였다

"탁탁 타닥!"

나는 아침 햇살을 받으며 지금 글을 쓰고 있다. 향기로운 커피의 향기 속에서 세상은 고요하고 내가 자판을 두드리는 소리만 들린다. 1년 전이라면 상상도 못 할 일이다.

정확히 1년 전에 노트북에 엑셀을 띄워두고 나의 연간 목표를 정했다. 외부 강연, 음원 출시, 책 1권 쓰기, 중국어 1급, 일본어 2급이 주요 목표였다. 목표를 적어두고 바쁜 업무를 하느라 잊고 지냈는데, 오랜만에 다시 컴퓨터를 켜고 확인해 보니 목표를 이미 상당 부분 달성했다.

강연은 우연한 기회에 타 부서의 요청으로 여러 번 하였다. 회사 곳곳에 강연자인 나의 얼굴이 보여서 민망했고, 강연을 준비하면서 부담도 느꼈지만 강연 후 반응도 나쁘지 않았고, 질문을 해 주시는 분들도 많아서 보람을 느꼈다.

또한 업무상으로도 눈코 뜰 새 없이 바쁜 와중에 작가로서 책도 쓰고 있다. 그러면 나를 이렇게 움직이는 힘은 무엇일까? 새벽 5시 반에 일어나서 글을 쓰게 만드는 원동력은 무엇인가?

바로 '계획'이다. 계획은 우리의 삶에서 꼭 필요하다. 계획은 '앞으로 할 일의 절차'라고 하고 영어로는 플랜(Plan)이라고 한다. 재미있는 것은 Plan이라는 단어의 어원이 '떠다니다'라고 한다. 따라서 행성을 Planet이라고 하고, 바다에서 떠돌아다니는 생물인 플랑크톤을 Plankton이라고 한다.

계획은 플랑크톤처럼 떠다니기보다는 행성처럼 방향성을 갖고 떠다녀야 한다. 계획은 '우리의 삶의 설계도'다. 설계도가 없으면 구체적인 방향성 없이 일이 진행된다. 그러다 보면 종종 암초에 부딪힌다.

마케팅에서 제일 많이 쓰는 용어 중에 플랜 B라는 것이 있다. 백업플랜이라고도 한다. 즉, 어떤 위기 상황이 발생했을 때 대비하는 것을 말한다. 계획 없이 열심히 하는 것은 사막에서 내비게이션 없이 길을 찾아가는 것과 마찬가지다.

나에게는 40세에 세운 50개의 버킷리스트가 있다. 어학에 대한 것도 있고, 강연, 책 쓰기, 여행, 음악, 공부, 운동 등 다양하다. 이 중에서 5개는 달성했다. 대단한 것은 아니다. 절주하기, 66일간 금주, 앨범 내기, 땅에 손닿기, 중국어 2급 따기다. 절주하기는 내가 술을 제어하지 못하고 너무 많이 마셔서 세운 계획이고, 이어서 66일간 금주계획도 세웠다. 놀랍게도 최장 80일간 금주를 달성했다. 회사생활을 하면서 80일간의 금주는 아주 힘든 미션이다. 책 쓰기 목표는 2014년 11월에 처음 세웠는데, 매년 이월되었다가 4년 후에 마침내 꿈이 이루어졌다. 내 무의식 속에 책 쓰기가 계속 있었던 것이고, 블로그나 일기를 통해서 글쓰기를 꾸준히 하도록 만들었다.

그렇다면 계획은 어떻게 세우면 좋을까?

첫째, 계획은 완벽할 필요가 없고, 유연해야 한다. 요새 'Agile(애자일)'이라는 용어가 기업들 사이에서 화두다. 즉, 완벽하게 계획을 실행해서 제품을 내놓기보다는 실행하면서 수정하는 것을 말한다. 최초의 비행기에 대해서 얘기할 때 우리는 '사무엘 폰 랭리(Samuel Pierpont Langley) 박사'와 '라이트(Wright) 형제'에 대해서 종종 얘기한다. 정부의 지원과 엘리트들의 집단이 모인 사무엘 박사의 비행은 왜 17년간 실패했고, 변변치 않은 학력에 자전거포를 운영하던 라이트 형제가 어떻게 4년 만에 최초의 비행에 성공했는지 말이다.

바로 계획의 유연성에 있어서 차이가 있었다고 한다. 즉 사무엘 박사는 완벽하게 계획을 세워서 그 요건을 못 맞추면 진도를 못 나간 반면, 라이트 형제는 200개의 날개를 테스트하고 최소 다섯 세트의 부품을 챙겨서 충돌 다음에 실험을 대비했다고 한다. 이와 같이 그들은 수천 번의 실험을 거듭했고 비행에 성공할 수 있었다. 계획은 이렇게 유연하고 수정 가능한 것이어야 한다.

회사에서는 중장기 계획을 세운다. 향후 5년 후를 예측하는 것이다. 돌이켜보면 예측이 빗나갈 때도 많다. 당연히 시장에서는 많은 변수가 있기 때문에 정확히 결과를 맞힐 수 없다. 금융 위기가 올 수 있고, 과다한 투자로 공급 과잉이 될 수도 있다. 하지만 그 결과를 복기해 가면서 오류를 찾아낸다. 그리고 반복된 행위를 하다 보면 우리는 어떤 인사이트를 얻게 되고 이에 맞춰서 계획을 계속 수정할 수 있다.

둘째, 계획은 꼭 다른 이의 눈에 보이는 곳에 붙여 두고, 나의 계획을 알려야 한다. 나는 책을 쓰면서 초고와 퇴고 계획을 창에 써 붙이고 주변 사람들에게도 지속적으로 알렸다. 그러자 나의 행동이 달라지기 시작했다. 책을 쓰는 것 이외의 다른 행동을 줄이게 된 것이다. 이렇게 '무의식의 힘'을 믿자.

쓰고 바라보는 순간 우리의 뇌는 움직인다. 뇌는 현실과 가상을 구분하지 못한다고 한다. 계속 뇌를 세뇌시키면 우리의 뇌는 이를 사실로 받아들인다. 지금 한 번 나의 계획을 써서 벽에 붙여놓자.

셋째, 계획의 눈높이는 낮추고 당장 실행 가능해야 한다. 처음부터 거창한 계획이라면 시작부터 겁이 나서 안 하게 된다. 일단 계획을 세우면 아무리 사소해도 지켜야 한다. 미국의 소설가 마크 트웨인은 다음과 같이 실행의 중요성에 대해서 강조했다.

"20년 후 당신은 당신이 했던 것보다는 당신이 하지 않은 것 때문에 더 크게 실망할 것이다. 그러니 지금 밧줄을 던져버려라. 안전한 항구를 떠나 멀리 항해를 떠나라."

그런데 우리는 너무 바쁘게 살고 있고 여유가 생기면 그냥 쉬고 싶다. 계획을 세우는 것이 귀찮게 느껴진다. 그것은 우리가 무한한 삶을 살 것이라는 착각 때문이고 항상 내일이 있다고 생각한다. 그래서 많은 일을 쉽게 미룬다. 우리가 죽음을 앞둔 시한부 인생을 산다면 어떤가? 당연히 하루하루가 소중할 것이고 그 순간에 어떻게 살지 계획할 것이다.

여러분의 오늘을 계획하고, 한 주일을 계획하고, 1년 후를 계획하라. 쉽고 간단한 부분부터 시작하자. 하루 1시간 나를 위해서 투자하자. 어떠한 취미나 공부도 괜찮다. 누가 뭐라고 해도 1시간만큼은 온전히 나를 위해서 확보해 두자.

지금 종이 한 장 꺼내서 계획을 써보자. 누구라도 볼 수 있게 벽이나 문에 붙여두자. 계획은 쓰는 순간 실행된다. 지금의 계획이 여러분의 1년 후를 결정한다는 것을 기억하라.

마지막으로 미국의 유명한 경제학자인 피터 드러커(Peter Drucker)가 한 말을 새겨보자.

"계획이란 미래에 관한 현재의 결정이다."

7-4

조금 늦었지만, 나에게만 주는 단 하나의 선물을 준비할 때

구혜선 씨는 배우로서 유명하지만, 이외에도 책, 영화감독, 음악 등 다방면에서 활동을 하고 있다. 그녀가 이렇게 팔방미인인 이유는 무엇일까? 지치지 않는 힘을 발휘하는 배경은 무엇일까?

통계청의 '2017 한국의 사회지표'에 따르면 지난해 19세 이상 국민 중 소득에 만족을 느끼는 비율은 13.3%였고, 불만족 비율은 46.0%에 달했다고 한다. 연령별 소득 만족 비율을 보면 40~49세가 16.8%로 가장 높았고, 60세 이상이 9.2%로 가장 낮은 수치를 기록했다. 반면, 연령별 소비생활 만족 비율은 19~29세가 18.4%로 가장 높았고, 40~49세 17.9%로 두 번째를 차지했다.

즉, 40대의 소득 만족은 제일 높은 반면 소비 만족은 두 번째이다. 반면 60세 이상은 소득, 소비 만족도에서 꼴찌를 기록했다. 흥미로운 사실은 소득 만족도는 40대를 정점으로 하향 추세이고, 소비 만족도는 나이가 들수록 감소한다. 40대가 소득 수준이 가장 높을 때이기 때문에 소득 만족도가 가장 높은 것은 이해가 되지만, 소비 만족도가 갈수록 낮아진다는 것은 씀씀이는 커졌는데 소득이 줄어들면서 발생하는 현상으로 보인다. 오히려 10대나 20대에는 소득은 적지만 그 적은 소득 내에서 소소한 기쁨을 찾는 거 같다.

인생의 지혜를 알려주는《채근담》이라는 책에서 저자는 "사나운 짐승을 죽이기는 쉬워도 사람의 마음을 굴복시키기 어려우며 계곡을 채우긴 쉬워도 사람의 욕망을 만족시키기는 어렵다."라고 인간의 욕심은 무한하다고 강조했다.

예전에 생일 선물 받을 때는 보통 책이나 손수건 등 작은 선물이었지만 선물을 풀 때 큰 행복을 느꼈다. 지금은 고급 명함 지갑, 수십만 원 대의 몽블랑 만년필, 1백만 원 대의 스마트폰 등을 받아도 그 기쁨이 이전 같지 않다. 나이가 들면서 눈은 높아지고 욕망의 크기는 더 커지기 때문이다. 전에는 동해 바다를 가도 여행의 기쁨과 설렘을 느꼈지만 이제는 스위스나 미국, 프랑스 정도 다녀와야 여행을 갔다 온 거 같다. 나중에 돈을 더 벌면 우주여행이라도 다녀와야 할 거 같다.

우리는 원하는 것을 사기 위해서, 아니면 노력한 자신에게 보상하기 위해서 평생을 열심히 일한다. 그 보상이나 선물은 주로 여행, 명품 가방, 자동차, 신형 휴대폰, 새 옷 등이다. 힘들게 고생한 나를 위해서 선물을 사는 것은 중요한 행위이다. 그러나 노력한 자신에게 선물로 주는 달콤한 '마시멜로'는 필요하지만 과하면 안 된다. 소비는 소비를 불러일으킨다. 핸드백을 사면 그에 맞는 옷도 사야 한다.

18세기 프랑스 계몽주의 철학자 드니 디드로(Denis Diderot)는 그의 에세이《나의 오래된 가운을 버림으로 인한 후회》에서 진홍색 새 가운을 얻으면서 벌어진 일화를 소개했다.

그는 평생을 가난하게 살았는데 러시아 황제가 그가 소장하던 책을 사는 대가로 큰돈을 받고 금전적인 여유가 생겼다. 그는 마침 진홍색의 멋진 가운을 얻게 되었는데, 가운은 아름다웠지만 방 안의 물건들과 어울리지 않아서 카펫, 식탁, 의자, 조각품 등을 모두 바꿨다. 이렇게 어떤 소비가 나비효과처럼 다른 소비를 불러일으키는 것을 '디드로 효과'라고 한다.

이렇게 재물이나 물질은 과할수록 끝이 없다. 다산 정약용 선생도 자제들에게 이런 말을 남겼다고 한다. "꽉 쥐면 쥘수록 더욱 미끄러운 게 재물이니 재물이야말로 메기 같은 물고기이니라."

하지만 우리는 물질이 주는 풍요함에 빠지면서 현재의 소중함보다는 미래에 대한 기대로 산다. 즉, 보너스를 받아서 해외여행을 가거나, 명품을 사러 가는 등의 상상을 한다. 점차 나 자신이 누구인지 잊게 되고, 내가 진정 무엇을 원하는지도 모르게 된다.

결국 소비를 위한 소비를 하는 것이다. 그렇다면 시간이 지날수록 의미가 퇴색하지 않고, 나에게 필요한 진정한 소비, 즉 선물은 무엇일까? 나는 한 주간 고생한 나에게 책을 사준다. 책을 읽으면서 카페에서 맛있는 아메리카노를 마시면서 행복을 느낀다. 아니면 하루 고생한 나에게 감동적이거나 재미있는 영화나 드라마를 선물한다. 그냥 '오늘 하루 고생했어'라고 위로를 해 준다. 회사에서 근무할 때는 맛있는 커피 한 잔을 내게 선물한다. 커피 머신에 캡슐을 넣고 진한 에스프레소의 향기를 마시며 행복을 느낀다.

이렇게 일상에서 우리 자신에게 선사할 선물은 많다. 그 선물은 나만의 '현재 경험'이다. 《선물》이라는 책에서도 강조했듯이 선물은 'Present'라는 선물과 현재라는 'Present'가 동의어이듯이 나의 '현재 경험'이 중요하다.

> "세상에서 가장 소중한 선물은 과거도 아니고 미래도 아니다. 세상에서 가장 소중한 선물은 바로 현재의 순간이다. 세상에서 가장 소중한 선물은 바로 지금이다."
>
> *— 스펜서 존슨, 《선물》 중에서*

일상의 소소한 선물도 나에게 기쁨을 준다고 할 수 있지만 소중한 경험은 더 오래가고 지속적으로 주는 기쁨이다. 나는 나에게 선물을 주기 위해서 다양한 경험을 하고 있다. 그중의 하나가 '공부'라고 할 수 있다. 그 공부는 나에게 오랫동안 만족감을 준다. 내가 배운 재즈 피아노, 여행, 맛집, 음악, 외국어, 영화, 독서, 글쓰기 등 그동안 내가 해온 공부는 나에게 주는 '세상에서 하나뿐인 선물'이다.

하정우 씨는 유명한 영화배우지만 그의 그림도 매우 인기있다. 그는 "운동선수처럼 독하게 훈련하고 경기에 임하는 자세로 영화를 찍는다. 그러고 나면 몸과 마음에는 잔여물이 생긴다. 그것을 끄집어내어 그림을 그린다."라고 했다.

이 그림은 다른 사람들에게도 기쁨을 주는 선물이지만 자신의 마음을 위로해 주는 하나뿐인 선물이다. 이러한 작품을 만들기 위해서 거의 매일 4~5시간씩 그림을 그린다고 한다.

앞서 언급한 구혜선 씨의 힘의 원천 중의 하나도 그림이라고 한다. 이들에게는 그림이 값진 경험이고 선물인 것이다.

따라서 지금 현재 나만이 경험할 수 있는 '선물'이 무엇인지 찾도록 하자. 그것이 공부일 수도 있고 다른 취미 활동이나 경험일 수도 있다. 이제는 나에게만 주는 단 하나의 선물을 준비할 때이다.

7-5

나에 대한 생각을 바꾸면 남은 인생이 바뀐다

"고백하건대, 에베레스트에서 2차례 실패했을 때, 산악인의 꿈을 포기하고 싶었다. 평범한 삶을 택했다면 무난하게 살았을 것이다. 안나푸르나에서는 4차례나 실패했다. 다른 사람은 한 번 만에 정상에 오르는 데 말이다. 같은 산에서 그만큼 실패하면 뭐를 해도 안 된다는 부정적인 생각이 스멀스멀 피어오른다. 하는 것마다 안 되고 재수가 없다고 생각한다. 그런데 바닥, 아니 그 밑까지 경험하면서 두려움이 사라졌다. 최악을 맛보면서 '긍정의 힘'이 생겼다. 이렇게 말하고 싶다. 반드시 목표를 달성하는 것만이 성공은 아니다. 다만 우리가 살면서 목표를 정해야 하고, 그 목표를 이루기 위해서 노력하는 것 자체가 성공이라고 생각한다."

— 〈시사저널〉, 2018. 2. 22, 엄홍길 대장

엄홍길 대장은 불굴, 도전의 아이콘이다. 그는 세계 최초로 8,000미터 16좌를 완등했다. 그가 16좌를 마지막으로 완등한 것이 47세일 때이다. 그는 산을 등반하면서 성공보다 실패가 훨씬 더 많았다고 하고 안나푸르나 산에 도전할 때는 이미 발목을 못 움직이는 부상을 입은 상태에서 완등했다. 이러한 도전의 기반에는 그만의 불굴의 의지도 있겠지만 '긍정적인 마인드'가 더 크게 작용했다고 본다. 그의 이러한 마인드는 어릴 때부터 습관화된 것이다.

듀크 대학교 연구진이 2006년 발표한 논문에 따르면, 우리가 매일 행동하는 행동의 40%가 의사결정의 결과가 아니라 습관 때문이라고 한다. 우리가 반복적으로 하는 행동뿐만 아니라 생각하는 것도 습관에 의해 지배받는다. 그래서 앞서 언급한 바와 같이 그는 '목표를 이루기 위해 노력하는 것 자체가 성공'이라고 긍정적인 생각을 갖고 계속 도전할 수 있었다. 만약 목표(결과)를 이루는 데 중점을 두었다면 역설적으로 이렇게까지 많은 산을 완등하지 못했을 것이다.

회사에서도 긍정의 아이콘과 부정의 아이콘이 있다. 직원 A는 매사에 부정적이다. '할 수 없다', '시간이 없다', '이런 것을 왜 하는지 모르겠다'고 불평한다. 물론 합리적인 이유 없이 무엇인가를 강요하는 것은 잘못된 것이지만 해 보기도 전에 '할 수 없다'라고 말하면 정말 할 수 없는 것이다.

반면 직원 B는 긍정의 아이콘이다. 그런 사람은 눈빛에서 이미 다르다는 생각이 든다. 물론 "Yes I can."이 무조건 좋은 것은 아니다. '이유 없는 긍정'이나 '맹목적인 복종'은 자칫 잘못된 결과를 낳을 수도 있다. 하지만 살면서 긍정적인 자세는 많은 좋은 점이 있는데, 이러한 긍정적인 자세도 습관이다. 그런 사람들은 쓰는 단어도 다르다. 《마음을 행동으로 옮기는 힘》이라는 책에서도 저자는 다음과 같은 긍정의 말을 알려준다.

"문제없어. 좀 힘들겠지만 그래도 괜찮아. 당장 해 보자. 그 정도는 누워서 떡 먹기야. 할 수 있어. 좋은 생각이야. 하고 싶다. 내 뜻대로 될 거야."

부정적인 사고방식을 갖고 있는 직원들은 아무래도 자꾸 멀리하게 된다. 업무를 할 때 표정도 어둡고, 잘 웃지 않는다. 물론 그것이 자연스러운 반응일 수 있다. 하지만 나는 피곤하고 힘들 때도 티를 안 내려고 노력한다. 전화를 받고 싶지 않은 상대방에게 전화를 받아도 밝은 목소리로 응대하려고 한다.

우리는 뇌를 속일 수 있다. 우리가 기분 좋게, 긍정적으로 생각하면 뇌도 착각한다. 우리는 습관에 지배를 당한다. 물론 그렇게 노력해도 안 되는 상대는 그냥 나랑 안 맞는다고 생각하고 불쾌한 기분 그 자체를 그냥 느끼고 바라보면 된다. 모든 사람과 친구가 될 수 없기 때문이다.

나는 직원 B에 가까운 편이다. '그냥 하면 된다'라는 주의자이다. 그래서 가끔 후배들의 원성도 산다. 예를 들어, 어떤 복잡한 데이터를 작업해야 하는데 상대 부서에서 요청을 하면 후배들이 '시간이 더 필요하다', '못하겠다', '할 필요 없지 않느냐'고 부정적인 반응을 보일 때, '해보면 되지'라고 한다. 아마 속으로 나를 욕할 것이다. 그것은 내가 태평한 측면도 있지만 데이터나 자료를 맹신하지 않기 때문이다.

틀릴 수도 있고, 목숨 걸 필요는 없다고 낙천적으로 생각한다. 물론 그것이 다소 '나이브'(순진한; naive)한 생각일 수도 있지만 지금까지 나를 지탱하게 만든 힘이다. 누구든 실패할 수 있고, 그것을 통해서 중요한 경험을 하고 값진 레슨을 배운다.

전 축구 국가대표 박지성 선수가 무릎 부상을 당하고도 1년간 재활 훈련을 견뎌내고, 프리미어 리그에서 성공한 것도 '잘 될거야'라는 긍정의 마인드가 있었기 때문이다. 박지성 선수의 《멈추지 않는 도전》이라는 책에서는 그가 처음 프리미어 리그에 도전할 때의 심정이 잘 나타나 있다. "그래, 한번 해 보는 거야. 어차피 아무것도 없는 곳에서 시작했잖아. 맨유! 그리고 프리미어 리그! 좋아, 도전해 보자!"

만약 앞서 직원 A처럼 '할 수 없어'라고 자신에 대해서 정의를 내렸다면 그는 평범한 선수로 잊혀졌을 것이다. 하지만 그는 '할 수 있다'는 마음가짐으로 도전을 했고, 성공할 수 있었다.

엄홍길 대장이 죽을 뻔했던 고생담과 그가 이를 극복하던 과정도 결국 긍정적인 마음이 있었기 때문이다. 그는 안나푸르나 도전 중 큰 부상을 당했고, 2박 3일 동안 줄에 매달려 베이스캠프까지 내려왔다고 한다. 의사는 등산은 고사하고 걷는 것도 장담할 수 없다고 했다. 하지만 그는 다시 등산을 할 수 있다고 믿었고, 매일 집 근처 목욕탕 물속에서 다리를 움직였고, 병원 물리치료도 열심히 받았다고 한다. 하지만 결국 장애인 판정을 받았고 발목이 안 움직이니 산에 오를 때도 오른쪽 발을 까치발처럼 해서 걷는다고 한다. 그러나 그는 결코 포기하지 않았다.

긍정의 아이콘이라고 하면 들장미 소녀 캔디를 빼놓을 수 없다. "외로워도 슬퍼도 나는 안 울어. 참고 참고 또 참지 울긴 왜 울어. 웃으면서 달려보자 푸른 들을. 푸른 하늘 바라보며 노래하자. 내 이름은 내 이름은 내 이름은 캔디."

캔디는 아무리 힘들어도 꿋꿋이 이겨냈다. 이렇게 긍정적인 습관을 키우기 위해서는 지금 당장 본인이 쓰는 언어부터 점검해 보자. '할 수 없어', '못하겠어', '그걸 왜 해? 힘들어', '재미없어'등 부정적인 언어를 사용하고 있지 않은가?

어차피 한 번뿐인 인생이다. 실패를 두려워하지 말자. 실수와 실패도 삶의 한 부분이고 과정이다. 나중에 세상을 떠날 때 나만의 유산을 남겼다고 생각하면 조금 더 기쁜 마음으로 떠날 수 있지 않을까라는 생각이 든다. 이렇게 나에 대한 생각이 바뀌면 남은 인생은 완전히 변한다. 마지막으로《아들러의 격려》라는 책에서 저자 W. 베란 울프(W. Beran Wolfe)가 얘기한 말을 새겨보자.

"수십 권의 '백과사전적인 절망'보다 1그램의 '건설적인 낙관주의'가 더 가치 있다."

7-6

품격이란, 늘 변화해야 하고 변화할 수밖에 없음을 인정하는 것

"어떻게 사랑이 변하니?"

"헤어져."

— 영화 〈봄날은 간다〉 중에서

이 대사는 영화 〈봄날은 간다〉에서 가장 하이라이트 장면이다. 상우(배우 유지태)가 은수(배우 이영애)에게 그녀의 사랑이 변했음을 안타까운 마음으로 얘기하는데, 그녀는 냉정하게 대답한다. 많은 남성이 그녀를 미워했지만 그녀도 사정이 있었다. 이혼 경험이 있는 은수는 결혼에 대한 두려움이 있었고, 결혼에 적극적인 상우가 부담스러웠던 것이다.

우리는 영원한 사랑을 꿈꾸지만 사랑은 변한다. 고전평론가 고미숙 씨는 "어떻게 사랑이 안 변하니?"라고 바꿔서 주문을 외워야 한다고 한다. 사람의 감정은 끊임없이 변한다. 젊은 시절의 뜨거운 사랑이 따뜻하거나 심지어 차가운 사랑으로도 바뀔 수 있다. 그 변화는 어쩔 수 없다. 나의 사랑이 예전처럼 뜨겁지 않다고 자책할 필요는 없다. 사람은 변할 수밖에 없다. 365일, 8,760시간 매 순간 자신의 마음을 유지하고 있는 사람은 이 세상에 과연 몇 명이나 될까? 그냥 있는 그대로 나의 마음의 변화를 받아들이면 된다.

일본 만화로 우리나라에 농구 붐(Boom)을 일으키는 데 일조한 〈슬램덩크〉의 감독인 안 선생님은 어떤가? 젊은 시절 호랑이 감독으로 무서운 존재였지만 나이가 들면서 성격도 몸매도 넉넉한 소유자로 바뀌었다. 강백호가 턱을 마구 두드려도 가만히 '호호호'하고 웃는다. 이렇게 시간이 흐르면 사람의 감정이나 태도는 바뀌고 품격도 바뀐다.

전통 재즈부터 시작해서 쿨 재즈, 비밥, 퓨전 재즈 등 다양한 분야를 개척한 사람이 있다. 이미 뮤지션으로서 유명해져서 기존의 기반만 잘 살려도 충분히 편하고 안락한 삶을 살 수 있었는데도 끊임없이 변하고자 했다. 나도 개인적으로 그의 앨범을 다수 소유하고 있는데, 그의 초창기, 전성기, 말년기의 앨범이 너무 다르다. 마치 다른 사람이 연주한 것 같다. 결과는 대성공이었다. 재즈의 변화무쌍함을 최대한 이용해서 '영원한 재즈의 거장'으로 남았다. 그는 전설적인 재즈 트럼펫 연주자 마일즈 데이비스(Miles Davis)이다.

앞서 여러 차례 언급한 가수 밥 딜런도 마찬가지다. 1965년 공연 시 통기타 대신 일렉트로닉 기타를 들고나와 포크 팬들로부터 변절

자라는 지탄을 받았지만 포크록을 탄생시키는 혁신을 이뤘다. 이렇게 많은 거장들은 끊임없이 변화를 추구했다. 물론 그 길은 외롭고 험난하다.

> "33년 동안 나는 아침마다 거울을 보면서 나에게 물어봅니다. '만약 오늘이 내 인생의 마지막이라면, 내가 오늘 하려던 일을 하겠는가?' 이에 대해 '아니오'라는 답변이 연이어 너무 많이 나온다면, 난 뭔가를 바꿔야 한다고 생각합니다."
>
> *— 스티브 잡스, 스탠퍼드 대학 졸업식 연설 중에서*

스티브 잡스의 스탠퍼드 대학 졸업식 연설은 아주 유명하고, 많은 이들에게 적지 않은 교훈을 남겼다. 물론 그가 엄청난 워커홀릭에 아주 터프한 상사였다 하더라도 그의 말을 우리가 새겨들을 필요는 있다. 그만큼 그는 자신의 일을 목숨보다 사랑했고 끊임없이 변화와 혁신을 추구했다.

그가 지금도 생존해 있었다면 애플은 어떻게 바뀌었을까 라고 생각해 본다. 사람들은 무엇인가 더 혁신적인 제품이 나오지 않았을까 라는 기대를 할 것이다. 그것이 자동차가 될 수 있고, 비행기, 우주선일 수도 있다. 애플의 아이콘은 '변화와 혁신'이다. 물론 최근에는 이러한 도전 정신이 안 보여서 다소 아쉬운 마음도 든다.

아직도 많은 사람이 남들의 시선을 의식하고 살고 있다. 좋은 아들과 딸, 남편과 아내, 아빠와 엄마로서 살려고 노력한다. 하지만 삶의 끝에서 돌아봤을 때 이렇게 살아온 인생이 내가 원했던 모습이었는지는 다시 한번 질문해 보자. 스티브 잡스는 '남의 인생'이 아닌 '나의 인생'을 살라고 했다. 그것은 내 자신에 솔직하라는 것이다. 지금 내가 원하는 일을 하고 있는지 물어야 한다. 만약 그 일이 아니라고 한다면 우리는 변해야 한다.

나는 지금 현재 일에 대해서 100% 만족한다고 할 수 없지만 적어도 내가 삶의 가치로 삼고 있는 '남과의 소통을 통한 기브(Give)의 정신'을 실현하는 곳에서 일하고 있다. 반도체 마케터로서 세상과 소통하고, 내가 분석한 내용을 남들에게 공유하고 그것이 조그마한 빛이 되어서 다른 이들에게 안내서가 될 때 큰 보람을 느낀다. 물론 그 빛이 잘못된 길로 인도해서 비난을 받을 때도 있지만 말이다.

변화를 위해서 이직을 하는 사람도 있지만, 그 안에서도 변화를 꾀할 수 있다. '조그만 변화'도 종국에는 큰 변화가 된다. 나는 영업, 마케팅, IR팀 등 다양한 부서를 이동하면서 배운 나의 지식과 경험을 최대한 살리고, 기존의 틀에 얽매이는 생각을 안 하고 변하려고 노력한다.

또한 같은 일도 관점을 달리해서 보려고 한다. 나의 일을 30도, 60도, 90도의 각도에서 바라본다면 변화할 수 있다. 180도로 상대방의 관점에서 바라보는 것도 도움이 된다.

또한 현재 업무뿐만 아니라 나를 변화시키기 위해서 음악, 어학, 글쓰기, 명상 등을 공부하고 있다. 이러한 행위를 통해서 조금씩 바뀌는 나의 모습을 바라본다. 특히 글쓰기나 명상을 하다 보면 온전히 자신의 모습을 바라보게 된다. 그러면서 내가 잘못된 길로 가고 있는지 아니면 어떤 고민거리가 있는지 생각하게 된다. 즉, '마음의 거울'을 통해서 내 마음을 비춰 볼 수 있다.

나는 지금 '마음의 거울'을 쳐다보고 내가 원하는 일을 하고 있는지 질문하면 '예'라고 대답할 수 있다. 일도 힘들고 스트레스도 많이 받고 모든 것을 포기하고 도망가고 싶을 때도 있지만 변하는 나 자신을 보게 된다. 자신의 모습을 있는 그대로 보면서 점점 더 성숙해지고 있다. '마음의 거울'에서 정말로 큰 변화를 해야 한다고 말해 주면 그때는 천천과 쉬지엔의 저서 《결단》이라는 책에서 나오는 '천범이' 표범처럼 더 이상 우유부단하지 말고 중요한 결단을 내려야 한다.

끊임없이 사랑이 변하는 사람은 문제가 있다. 그런 사람은 그냥 '카사노바'다. 하지만 현실에 안주하지 않고 끊임없이 변모하는 사람들은 멋있다는 생각이 든다.

품격은 정해진 것이 아니고 세월이 지나면서 변하는 것이다. 따라서 지금 현실에 안주하지 말고 카멜레온같이 자신을 변화시키고 나만의 품격을 만들어가야 한다.

7-7

하루 10분,
나를 위한 보고서를 쓰자

미국의 버락 오바마(Barack Obama) 전 대통령은 잠들기 전 매일 30분~1시간씩 독서를 즐긴다고 한다. 그의 인생서로는 니체, 랄프 왈도 에머슨, 셰익스피어 비극 시리즈 등이 있다. 또한 그는 자신을 위한 독서뿐만 아니라 다른 이들을 위해서 책들을 추천하고는 한다. 아이들에게는《보물섬》,《위대한 개츠비》등의 책을 추천해 주었다. 그는 〈뉴욕 타임스〉와의 인터뷰에서 다음과 같이 말했다. "일이 급하게 돌아가고 숱한 정보가 난무할 때 독서가 속도를 늦추고, 관점을 갖고, 다른 입장에서 생각하게 해주었다. 책이 나를 더 나은 대통령으로 만들었는지는 알 수 없지만 균형을 잃지 않게 해주었다."

이렇게 삶의 균형을 이루게 해 주는 방법 중의 하나로 독서를 추천한다. 독서는 우리의 사고력과 균형감각을 키워준다. 책을 읽다가도 마음에 드는 구절이 있다면 밑줄을 긋고 책이나 블로그에 느낀 점을 적는다. 그렇게 하면 책의 내용은 온전히 나의 것이 되고, 나중에 다시 훑어보면서 중요한 메시지를 리마인드할 수 있다. 인간은 '망각의 동물'이기 때문에 리마인드는 기억을 연장하는 좋은 방법 중의 하나이다.

주제별로 책의 서평을 나누는 것도 방법이다. 자기계발, 역사, 소설, 자서전, 전문 서적 등 다양하다. 글을 쓰다 보면 나의 생각이 하나씩 정리됨을 느낀다. 글을 많이 쓰지 않아도 된다. 3~4줄만 적어도 괜찮다. 단, 글을 쓰는 것만으로 끝나면 안 된다. 나에게 도움이 되는 문구는 실천해 간다. 그것이 아침형 인간이 되기, 자신을 바라보기, 나를 사랑하기 등 여러 가지가 있을 수 있는데 나에게 맞는 문장을 찾아서 반드시 실행에 옮긴다.

일기를 쓰는 것도 도움이 된다. 나는 3년 전부터 일기를 매일 쓰고 있다. 다음 해로 넘어가면 그전 해의 같은 날짜 위에 기록한다. 그러면서 나의 감정이나 느낌, 생각의 변화를 알 수 있다. 이 일기는 내가 어느 한쪽으로 기울어지지 않게 내 삶의 균형을 잡아주는 역할을 한다.

> "2018년 1월 25일(목): 매일매일 프리라이팅, 서평을 쓴다. 안 쓰면 입에 가시가 돋친다. 벌써 2주째다. 12주간 이렇게 매일 쓰면 엄청난 양이 모일 거 같다는 생각이 든다.
>
> 2017년 1월 25일(수): 수요일에 8시간 자고 나서 몸이 좋아졌다. 요가와 피트니스도 도움이 된 거 같다. 예전보다 유연하게 몸이 움직인 거 같다. 결국 생활의 리듬이 중요하다.

2016년 1월 25일(월): 1월간 음주 4번. 그중에 2번 과음. 이제는 과음보다는 합리적인 음주가 좋다."

— 나단의 일기 쓰기 예

나는 오랜 세월 동안 술을 끊거나 줄이고 싶어 했는데 그것이 잘 실현되지 않았다. 과음을 한 다음 날은 항상 후회를 했다. 그러나 일기로 내가 바라는 미래를 꿈꾸고 글로 옮기자 어느 순간 집에 일찍 와서 가족과 함께 시간을 보내고 책을 쓰거나 블로그에 서평이나 감상평을 올리는 모습을 발견하였다. 그때 느낀 뿌듯함은 이루 말할 수 없다. 특히 글을 쓰다 보면 나 자신에게도 질문을 남길 수 있고 복잡한 생각의 실타래를 풀 수 있게 된다. 그러면서 나의 꿈과 가치, 사고방식도 점점 더 명확하게 됨을 느낀다.

여러분은 회사 보고서 외에 서평, 감상평, 일기와 같은 '나를 위한 보고서'를 쓰고 있는가? 글을 쓰지 않는다면 내가 무슨 생각을 가지고 있는지 어떤 느낌을 가지고 있는지 알지 못한다. 그냥 막연하게 기분이 나쁘거나, 좋거나, 스트레스를 받거나 심정이 복잡하다는 것을 느낀다. 그렇게 정리되지 않은 생각과 마음으로 살다 보면 같은 실수와 후회를 반복한다. 누구나 실수는 할 수 있다. 하지만 실수를 통해서 무언가 배우는 것이 없다면 문제이다.

에디슨은 평생 500만 장의 메모와 일기를 남겼다고 한다. 비록 그가 정규학교를 안 다니고 자퇴했지만 일기를 쓰고 기록하는 습관이 그의 발명의 기초가 되었다. 톨스토이는 19세부터 일기를 쓰기 시작했고, 평생에 걸친 그의 일기가 하나의 작품이라고 한다. 사생아로 태어나고 가난에 시달렸던 오프라 윈프리도 매일 잠자리에 들기 전 감사했던 일을 5가지 적었다고 한다. 이러한 감사 일기가 그녀로 하여금 마약과 알코올에서 벗어나도록 도와주었다.

오늘부터 나를 위한 보고서를 쓰자. 단, 10분 만이라도 할애하자. 오늘 간단한 일을 기록하거나 하루 있었던 감사한 일을 3개 정도 적는다. 오프라 윈프리가 적은 대로 "유난히 눈부신 파란 하늘을 보게 해 주셔서 감사하다."라고 아주 사소한 것도 감사일기로 적을 수 있다. 일상생활에서 떠오르는 아이디어나 느낌은 블로그에 남겨도 된다. 남이 보기에 부담이 된다면 비공개로 설정하면 된다.

이렇게 매일 쓰다 보면 점차 쓰는 습관이 들 것이고 자연스럽게 글쓰기 훈련을 할 수 있다. 결국 벤저민 프랭클린처럼 반복하고 훈련하면 뛰어난 문장가가 될 수 있다. 그도 누구보다 바쁘게 살았지만 글쓰기를 멈추지 않았다.

> "나는 일을 마친 늦은 밤이나 아직 일을 시작하지 않은 새벽에 짬을 냈다. 인쇄소에서 잠깐 혼자 있는 시간에, 또 교회 예배를 빼먹어가면서 글쓰기 연습을 했다."
>
> *— 벤저민 프랭클린, 《벤저민 프랭클린 자서전》 중에서*

이런 훈련을 통해서 나만의 사상, 내가 배운 전문 지식 등을 모아서 책으로도 출판할 수 있거나 파워 블로거로도 활동할 수 있다. 강연도 하면서 메신저로서 기브의 행위도 하고 금전적인 파이프라인을 구축할 수 있다. 글을 쓰는 행위는 스트레스를 해소하고, 우울증을 줄여주고, 현재 주어진 삶에 감사하면서 행복할 수 있도록 만들어 준다. 제일 중요한 것은 내 영혼이 풍요로워진다는 점이다.

오바마 전 미국 대통령은 글쓰기의 장점을 다음과 같이 말했다. "글쓰기는 내 인생의 대립되는 경향, 예를 들어 인종, 계급 등을 자세히 들여다볼 수 있게 해 주는 도구였다. 그리고 글쓰기가 내 인생의 이 모든 조각들을 하나로 통합하는 역할을 해 주었다고 진심으로 믿는다."

지금 책을 잠시 덮고 10분만 생각나는 대로 프리라이팅(자유로운 글쓰기)을 해 보자. 그것은 남을 위한 것이 아닌 나를 위한 보고서가 될 것이다.

7-8

자기 이야기가 풍요로워야 행복한 존재가 된다

카페에는 많은 사람이 분주해 보인다. 커피를 마시고 대화를 나누는 사람들, 그리고 혼자서 컴퓨터로 무언가를 작업하는 사람들로 가득 찼다. 나도 그중의 한 명이다. 나의 마지막 스토리를 쓰면서 생각해 본다.

우리는 멋진 카페에서 6,000원짜리 스타벅스 커피를 마시고 100만 원짜리 스마트폰으로 인터넷, SNS를 검색하지만 이런 풍요로운 삶에 대해서 별로 감사하거나 행복한 느낌이 들지 않는다. SNS상에 비친 다른 이들의 행복한 모습이 반대로 우리를 불행하게 만든다. 남들의 행복이 나에게 불행한 역설적인 상황에 처하게 된 것이다. 전에는 옆집에 개똥이 아빠와 비교되던 것이 이제는 SNS상에 전 세계의 모든 자상한 아빠들과 비교된다. 이렇게 남들에 신경 쓰다 보니 내가 왠지 문제가 있는 것 같고, 초라해 보일 때도 있다.

세월이 지나면 회사에서는 어느덧 중견 관리자가 된다. 결혼을 했다면 아이들은 초등학생 또는 중학생이다. 회사생활은 최소 10~20년 정도 되고, 회사와 가정을 쳇바퀴 돌듯이 산다. 예전에는 내 일만 잘하면 되었지만 이제는 밑에 직원들의 업무 능력도 향상시켜야 하고, 심성 관리도 잘해 줘야 한다. 집에서는 아내와 아이들 사이를 중재해야 한다. 업무도 업무지만 인간관계도 종적·횡적으로 넓어져서 마음의 여유가 없어진다. 그러면서 삶은 단순해지고 행복을 느끼는 횟수는 줄어든다.

프랑스의 대표적인 패션 디자이너인 가브리엘 샤넬(Gabrielle Chanel)은 "20대에 당신의 얼굴은 자연이 준 것이지만 50대 당신의 얼굴은 스스로 그 가치를 만들어야 한다."라고 말했다. 즉, 나이가 들수록 자신만의 가치(Value)를 만들어야 한다.

나는 샤넬이 말하는 것처럼 나의 가치를 만들기 위해서 그동안 많은 방황을 해왔다. 학창 시절에는 겉으로 드러나는 점수에 집착하며 착한 아들이 되기 위해서 노력했지만 대학생 때 소위 말하는 '삐딱선'을 타면서 전공과목 공부를 소홀히 하고 뮤지션이 되겠다고 부모님 속을 많이 썩혀드렸다. 하지만 그러한 것이 부모님의 인생이 아닌 내 인생을 찾기 위한 여러 몸부림의 하나였다. 그 당시 방황으로 많이 힘들었고 부모님 뵐 면목도 없어서 가출도 생각했지만 세월이 지나고 나니 나의 즐거운 추억 중에 하나로 남았다.

나는 여전히 훌륭한 아들, 남편, 아빠라고 할 수 없다. 내 멋대로

이고 내가 하고 싶은 것을 하는 행복한 이기주의자다. 나는 피터 팬과 같은 마음가짐으로 상상의 네버랜드에서 좋아하는 것들을 하고 있다.

시간이 날 때마다 어떤 글을 쓸지 어떤 음악을 만들지 생각하는 것만으로도 즐겁다. 감동적인 멜로 영화를 좋아하고, 중국 역사드라마 시청을 즐긴다. 비가 오는 날 카페에서 바깥 구경하면서 책을 읽는 것을 좋아하고, 토요일 출근했을 때 조용한 사무실이 좋다.

《삼국지》 관련 책을 읽을 때는 책에다가 뽀뽀하고 싶을 정도로 좋아한다. 소위 '닭장'이라는 골프 연습장에서 골프공이 원하는 방향으로 쭉 나갈 때도 행복하다. 절에 가서 명상하거나 향냄새를 맡을 때도 좋고, 내가 세상에서 제일 좋아하는 잔치 국수의 첫맛도 너무 좋다. 주말에 아이가 옆에서 새근새근 자는 모습을 바라보는 것도 좋다. 아이들의 썰매를 빼앗아 썰매를 타는 것도 즐겁다.

이런 식으로 자신이 행복한 순간들을 하나씩 적어보자. 앞에서 언급한 '프리라이팅'이 그 중의 하나이다. 지금 바로 적어보자. 아주 사소한 것이라도 좋다. 그것은 나만의 이야기가 된다. 외제차를 사거나, 암호화폐 가격이 오르거나, 주식이 오르면 기분이 좋다. 하지만 이런 기분은 행복이라기보다는 도파민을 분비시키는 일시적인 쾌감일 뿐이다. 차를 사면 누가 내 차를 긁을 까 봐 걱정되고, 주식이나 암호화폐 가격이 오르면 당연히 떨어질 것을 걱정한다.

우리의 인생은 죽음을 향해 달려간다. 그 끝이 있기 때문에 현재가 더 소중하다. 특히 40대가 되면 죽음과 가까워진다. 아직 살날이

창창한데 무슨 소리냐고 말할 수 있다. 하지만 40대가 되면 주변이나 지인, 친척, 심지어 가족을 잃는 슬픔을 겪게 된다. 30대 초, 중반에는 주로 결혼식장을 많이 다니는데 30대 후반부터는 이전보다 검은색 넥타이를 더 많이 매는 자신을 발견할 것이다.

여러분은 어떤 죽음을 맞이하고 싶은가? 눈을 감고 상상해 보자. 침상에 누워 있는 나의 마지막 모습을. 나는 가족에 둘러싸여 생을 마감하고 싶고, 그때 자식과 손주들에게 나의 마지막 인생 이야기를 들려주고 싶다. 이렇게 우리가 사는 인생은 자신들이 쓰는 각자의 소설 이야기다. 그 이야기가 비극이거나 희극일 수도, 로맨틱할 수도 있다. 어떤 이야기가 완성될지는 우리의 손에 달려 있다.

《청소부 밥》이라는 책에서 저자는 청소부 밥을 통해서 "배운 것을 전달하고 삶의 지혜를 후대에 물려주자."라고 했다. 나는 나만의 정신적인 유산을 후대 사람들에게 물려주고 싶고 그것이 메신저로서 '기브(Give)'의 마음을 실현하는 것이라고 생각한다.

영국의 축구 코치 린 홀(Lynn Hall)은 우리가 어떤 사람으로서 성장해야 할지에 대해서 다음과 같이 말했다. "우리가 나이가 들면서 변하는 게 아니다. 보다 자기다워지는 것이다." 따라서 우리가 어떤 사람이 되고 어떤 인생을 선택할지는 온전히 우리의 책임이다. 구두쇠 스크루지의 일화처럼 저승사자가 어느 날 문득 찾아와서 미리 '인생 계산서'를 청구하는 행운은 우리에게 벌어지지 않는다.

《결단》이라는 책에서 저자가 말한 바와 같이 우리는 남이 아닌 나를 믿고 인생을 살아야 한다. 우리의 '수호천사'는 바로 '나' 자신이고 인생이라는 것 자체가 '공부의 과정'이다. 그 풍요로운 얘기는 내가 좋아하는 '지극히 짧고도 사소한 공부'를 통해서 이룰 수 있다.

어느 덧 날은 저물어 가고, 내가 아끼는 애플 맥북 노트북을 조심스럽게 닫고 나의 인생과 그것을 풍요롭게 해 줄 공부가 무엇일지 다시 한번 생각한다. 그리고 마음속으로 조용히 미소를 짓는다. 지금 이렇게 글을 쓰고 생각하고 고민하는 순간이 바로 나만의 행복한 자기계발 공부이고, '지극히 짧고도 사소한 공부의 품격'을 이루는 길이다.

나단의 생각과 함께
7장 되짚어보기

7-1 〈사소한 공부는 절대 사소하지 않다〉

사소한 공부가 모이면
다양한 분야의 전문가로서 품격을 갖출 수 있다.

7-2 〈한계라고 생각하는 순간, 비로소 진짜 변화가 시작된다〉

나의 한계에 도전하면서 자신을 변화시키자.

7-3 〈오늘은 1년 전 나의 장대한 계획대로였다〉

미래를 계획하고 아무리 사소한 것이라고 실행하자.

7-4 〈조금 늦었지만, 나에게만 주는 단 하나의 선물을 준비할 때〉

나에게 주는 단 하나의 선물은 나만의 값진 경험이다.

7-5 〈나에 대한 생각을 바꾸면 남은 인생이 바뀐다〉

긍정의 생각은 나의 인생을 바꾸는 시발점이 된다.

7-6 〈품격이란, 늘 변화해야 하고 변화할 수밖에 없음을 인정하는 것〉

현실에 안주하지 말고 끊임없이 변화하면서
나만의 품격을 이루어가자.

7-7 〈하루 10분, 나를 위한 보고서를 쓰자〉

일기, 서평, 감상평 등 나를 위한 보고서를 작성하면
인생이 180도 달라진다.

7-8 〈자기 이야기가 풍요로워야 행복한 존재가 된다〉

내가 좋아하는 공부를 통해서 나의 이야기를 만들고
지극히 짧고도 사소한 지성인의 품격을 갖출 수 있다.

"겁내지 마라, 아무것도 시작하지 않았다.
기죽지 마라, 끝난것은 아무것도 없다.
걱정하지 마라, 아무에게도 뒤처지지 않는다.
슬퍼하지 마라, 이제부터가 시작이다.
조급해 하지 마라, 멈추기엔 이르다.
울지마라, 너는 아직 어리다."

— 무라카미 하루키

공부의 품격

지성인을 위한 지극히 짧고도 사소한 공부의 기술

초판 1쇄 발행 | **2019년 4월 19일**

지은이 | **나단**
기획편집총괄 | **호혜정**
편집 | **김수하**
기획 | **홍연서**
표지·본문 디자인 | **신미경**
교정·교열 | **호혜정 김수하 김정빈**
홍보 마케팅 | **최미남 김태현**
펴낸곳 | **리텍 콘텐츠**
주소 | **서울시 용산구 원효로 153 원효빌딩 824호**
전화 | **02-2051-0311** 팩스 | **02-6280-0371**
이메일 | **ritec1@naver.com**
홈페이지 | **http://www.ritec.co.kr**
페이스북 | 블로그 | 카카오스토리채널 | [책속의 처세]
ISBN | **979-11-86151-20-4 (03190)**

상상력과 참신한 열정 담긴 원고를 보내주세요. 책으로 만들어 드립니다.
원고투고: ritec1@naver.com

· 이 도서의 국립중앙도서관 출판예정도서목록(CIP)은 서지정보유통지원시스템 홈페이지(http://seoji.nl.go.kr)와 국가자료종합목록시스템(http://www.nl.go.kr/kolisnet)에서 이용하실 수 있습니다.
(CIP제어번호 : CIP2019010632)